作画／古賀 誠
作画監修／佐藤 光
仕上げ／但野ゆきこ
特殊効果／土橋祥子（チップチューン）

イラスト／ユキヲ

アニメ

邪神ちゃんドロップキック

公式コンプリートブック

DROPKICK ON MY DEVIL!!

アニメ「邪神ちゃんドロップキック」公式コンプリートブック

CONTENTS

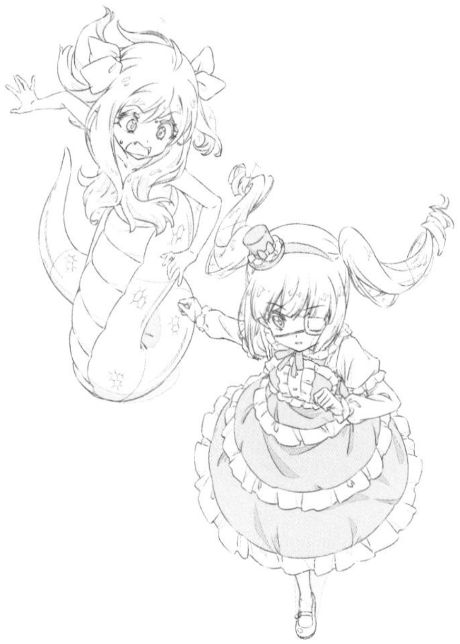

1

キャラクター紹介 ですの!

ゲス可愛い悪魔

邪神ちゃん

声／鈴木愛奈

PROFILE

10月28日生まれ／身長150センチ／魔界出身

ゆりねが偶然入手した魔導書によって召喚された悪魔。呼び出した者が死ねば魔界に帰れるため、たびたびゆりねに襲いかかるが返り討ちにあう日々を余儀なくされている。また、不死身に近い再生能力を持っており、刃物で刺されても瞬間接着剤でくっつけると治る。特技はドロップキック、第2の殺人技は「ロイヤルコペンハーゲン」。神経性胃炎持ち。

表情集

「悪魔がクズで何が悪い!?」

「服は弱いヤツが着るもの」との考えから、ふだんは上半身裸でいることが多い。しかし、装備としてケープを身に着けたり、マントに憧れたり、さまざまな姿を作中で披露した

JASHIN-CHAN

FAVORITE

ギャンブル

「働いたら負け」という考えを持っており、つねに楽して儲けようとしている。パチンコホールにはよく通っており、その軍資金は生活費か、メデューサのやさしさにつけ込んで手に入れた金がほとんど。第3期では、競艇に全ツッパして約3000万円の借金を背負った。

SKILL

家事全般

ふだんはゆりねの家で部屋の掃除、洗濯などをしている邪神ちゃん。家事のなかでも、とくに料理が得意で、作中でもカレーをはじめ、さまざまな逸品を作り出している。「料理だけは得意」と周囲も認めており、「天界お菓子作りコンテスト」でグランプリを受賞したぴのが驚いたほど。

CHARACTER

弱い者には強い！

子どもや氷ちゃん（浩二）、ぺこらなど力のなさそうな者に対しては、強硬な態度だったり、挑発したり、いじめたりする。一方、メデューサたちが魔界に帰った際はさみしがり屋な一面を見せたり、ゆりねが病気で弱っていた際はやさしい一面を見せたこともある。

ちょっとブラックな女子大生

花園ゆりね

声／大森日雅

PROFILE

10月31日生まれ／身長160センチ／実家は新宿の神社

オカルトやホラーが大好きで、邪神ちゃんを召喚した女子大生。バイト代が入ると、みんなにご飯を奢ったりしてやさしい面もあり、ミノスやメデューサたちから慕われている。一方、邪神ちゃんの悪事には容赦がなく、身体を切り刻むなど毎度拷問を課している。左目にいつも眼帯を付けており、ゴスロリっぽい服装を好んで着ている。よく武器を購入する。

表情集

「お仕置きされないとわからないようね」

ガーリーなフリル付きのモノトーンワンピースを着用することの多いゆりねだが、実家では巫女姿になったり、邪神ちゃんに小悪魔チックな衣装を作ってもらったこともある

YURINE HANAZONO

CHARACTER

ユニークだけどやさしいお姉さん

邪神ちゃんのおっさんギャグで笑ったり、ちょっといまどきの女の子の感覚からズレている部分もあるが、基本的にはやさしい性格。邪神ちゃんがベロベロに酔っぱらって強引に泊まった阿倍さんの家で一緒に謝ったり、警察署へ彼女を迎えに行ったこともある。

SKILL

邪神ちゃんのしつけ

一緒に暮らしているうちに、ゆりねにとっても欠かせない存在となりつつある邪神ちゃん。だからこそ、生活費をくすねたり、他人のものを奪ったりしたときは、愛情を込めて下半身を輪切りにしたり、全身をミンチにしたり、体を真っ二つにしたりするのだ（たぶん）。

FAVORITE

マヨネーズ&にぎやかな日々

可愛いものが大好きなゆりねは、邪神ちゃんが呼んだ鬼などの小さな悪魔がとっても大好き。他にも、あらゆる料理のうまみを引き出すマヨネーズが好物だったりする。しかし、一番大好きなのは、邪神ちゃんたちと一緒に過ごしているにぎやかな日常なのかもしれない。

健気で心優しい理想のATM

メデューサ

声／久保田未夢

PROFILE

1月4日生まれ／身長155センチ／魔界出身

邪神ちゃんの幼なじみで、無二の親友の悪魔。温厚かつ繊細な心の持ち主で、邪神ちゃんをいつも支えている（主に金銭な面で）。誰に対してもやさしいのだが、なかでも邪神ちゃんには、そばで見ているゆりねが２人の今後を心配するほどゲロ甘い。ときにはアルバイトで稼いだお金をすべて渡すなど、その悲哀を誘う献身的な姿はヒモ女のイメージそのもの。

表情集

「邪神ちゃんはバカだけどと〜ってもいい子なの！」

ふだんはエジプトの王侯貴族のような服を着ている。いっぽう魔界の自宅では、襟や裾にふんだんにフリルをあしらったガーリーな部屋着を着用。乙女チックな服装も好きなようだ。

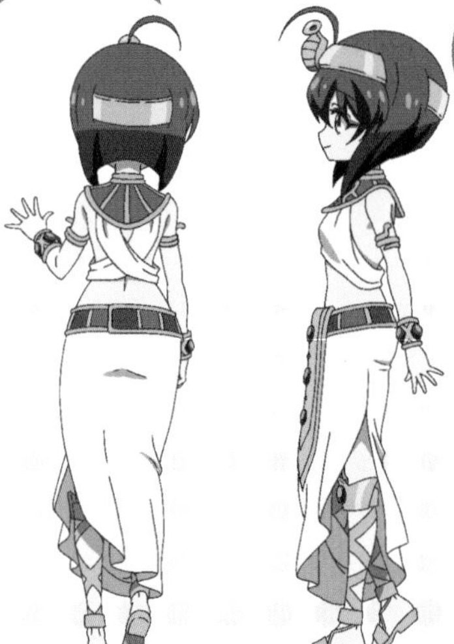

MEDUSA

FAVORITE

邪神ちゃん大大大好き！

邪神ちゃんのことが一番好きで、彼女の願いはなんでも叶えようとする。お金をせびられたらすぐに渡し、さらには自分の臓器を売ってお金を作る覚悟も見せる。おかげで邪神ちゃんから「ATM」呼ばわり。甘やかすのは良くないと思いつつも止められない、それがメデューサの「愛」なのだ。

SKILL

視線が合ったら石化

メデューサはギリシャ神話に登場する同名の怪物と同じく、「視線が合った者を石化させる」という能力を持つ。同じ悪魔や「石化を防ぐパワーストーン」を持つゆりねには効かないが、街を歩くだけで周囲の人を石に変えてしまう。視線を隠すために被っている紙袋は、彼女なりの配慮だ。

CHARACTER

本気で怒ると超怖い！

「天使よりもやさしい」と評されているメデューサ。だが、ひとたびマジギレすると何千年に一度あるかないかの「敬語メデューサ」になり、無表情で静かに怒りの炎を燃やし始める。邪神ちゃんですら「やっちまった……」と恐れおののくほど、ひどく他人行儀で、謝罪も受け付けなくなる。

健康優良姉御肌悪魔

ミノス

PROFILE

声／小見川千明

11月29日生まれ／身長167センチ／魔界出身

ミノタウロス族の悪魔で、邪神ちゃんやメデューサの友人。魔界から遊びに来たところ、人間界を気に入ってゆりねの隣の部屋に住み始めた。サバサバした体育会系で、近所に住んでいる子どもたちとも遊んであげる、気のいい姉ちゃん。幼少期は種族特有の怪力のせいで周囲に恐れられていたが、気にせず仲間に入れてくれた邪神ちゃんに恩義を感じている。

表情集

「また配達時間を1秒縮めたぜ！」

オシャレにはあまり興味がないように見えるが、ふだん着や北海道旅行で見せたキャミソール姿はしっかり牛柄をチョイス。ミノタウロス族としてのアイデンティティーが垣間見える。

MINOS

CHARACTER

男前かつ姉御肌

気さくで誰とでも親しく接し、困っている人を見捨てておけず、気軽に手助けする。そんなミノスは、クズやヤバい面々が数多く登場する本作における貴重な良心だ。近所の子どもたちからも好かれていたり、アルバイト先の人々に頼りにされているのも、ミノスの誠実さ＆おおらかさゆえだろう。

SKILL

フィジカル最強！

強靭な肉体を持つミノタウロス族だけあって、ミノスはフィジカル面に特化している。巨大な雪玉を持ち上げるだけでなく、邪神ちゃんの柔軟運動を手伝って背骨を脱臼させたことも。無尽蔵の体力で生活費を稼ぐべく、牛乳配達や工事現場などの肉体労働系アルバイトを掛け持ちしている。

FAVORITE

労働後のご飯は美味い

日々身体を動かしカロリーをたくさん消費しているせいか、ミノスはとにかくよく食べる。どんぶり飯をおかわりするのはザラで、焼き肉食い放題では1人で大量の肉を食いまくっていた。ちなみに、ミノタウロス族は牛に連なる種族のようだが、牛肉も大好きでモリモリ食べている。

PROFILE

不憫可愛いホームレス天使

ぺこら

声／小坂井祐莉絵

7月7日生まれ／身長148センチ／天界出身

悪魔や魔女を狩る役目を担う天使。そのなかでも、ぺこらは天使たちを束ねる天使長だった。だが、力の源である天使の輪をなくして邪神ちゃん討伐に失敗。その後は住むところもなく、公園に設置したダンボールでホームレス生活を送っている。次第に邪神ちゃんたち悪魔との付き合いが深くなり、一時は天界への「反逆者」として指名手配されていた。

表情集

「クリスマスだというのに今日もパンの耳……」

つねに極貧のぺこらは服も買えない。そのため、替えの服はぽぽろんからもらった「底辺」と書かれたTシャツくらいしかない。屈辱を感じながらも着てしまうところに、悲哀を感じる。

PEKOLA

FAVORITE

味の濃いもの

お金がなさすぎて、牛乳とパンの耳を主食にしているぺこら。それすら手に入らないときは、「自然のサラダバー」こと野草を食べていた。そんなぺこらにとって、ゆりねがときどきご馳走してくれる食事はまさしく天の恵み。ふだんは口にできない「味の濃いもの」に幸せを感じるのだった。

SKILL

貧乏サバイバル術

人間界で生きていくには、とにかくお金が必要。そこで日銭を稼ごうとするのだが、キツくて賃金の安い日雇いやブラックな職場など、ろくな仕事にありつけない。それでも誰にも頼らず、天界から迎えが来るまで自分の力で生きていこうとするところに、天使長としての矜持が感じられる。

CHARACTER

ダントツの不幸体質

ぺこらはとことんツイていない。なんとかありついた食事も邪神ちゃんのせいで台無しにされ、せっかく作ったダンボールハウスはたびたび破壊され、バイトで稼いだお金は転んだ拍子に募金箱へ。不幸体質が染みついているのは、天使の輪を失い、天界から見放されたためだろうか。

腹黒ツンデレ天使アイドル

ぽぽろん

声／佐々木李子

4月20日生まれ／身長156センチ／天界出身

PROFILE

ぺこらのお世話係だった天使。ぺこらを倒して天使長の座に就こうと画策し、人間界にやってきた。しかし、邪神ちゃんに天使の輪を食べられて、力を失ってしまった。天界にも帰れなくなったため、天使の輪が復活するまでの間、仕方なく人間界で生活することに。見た目はゆるふわ系美少女だが、ぺこらや人間たちをバカにするなど、本性は腹黒＆毒舌。

表情集

「天使になるために生まれちゃったから天使やってるの！」

アイドル「天使（あまつか）のえる」姿のぽぽろんは、どこから見ても立派な芸能人。フリフリとリボンだらけのファンシーな衣装もよく似合っている。

POPORON

CHARACTER

悪魔ときどき天使

キツイ性格のぽぽろんだが、警護のバイトで自分を守って負傷したぺこらの入院費をこっそり払ったり、ファンである児童養護施設の子どものために募金活動をしたりと、慈悲深い一面も。ぺこらを抹殺しようとした「悪魔の顔」と、やさしい「天使の顔」、どちらもぽぽろんの本性なのだ。

SKILL

みなぎるアイドル力

アイドル「天使のえる」として芸能活動を始めたぽぽろんは、ライブ会場をファンで埋めるなど、順調に人気を伸ばしている。裏表の差が激しく、ネコをかぶるのが抜群にうまいぽぽろんには、つねに可愛らしい自分を見せるアイドル活動は天（使以上の適）職かもしれない。

LIFE

ラーメン屋の看板娘

天界へ帰る手段がないぽぽろんは、ラーメン屋「創世記」でアルバイトをしている。人間界に寄る辺のない彼女だが、あっさり見つけたバイト先は住み込み＆まかない付きの好条件。しかも、看板娘としてしっかり貢献しているようだ。ずっとホームレス状態のぺこらとは雲泥の差!?

虚弱で毒舌、天真爛漫な妹分

ペルセポネ2世

声／飯田里穂

PROFILE

2月14日生まれ／身長145センチ／魔界出身

邪神ちゃんの魔界小学校時代の恩師・ペルセポネ1世の娘。父は冥界の王ハーデスであり、その娘であるペルセポネ2世は「冥界の姫」である。邪神ちゃんを探して人間界へやってきて、第1期の大半を放浪した末に第11話でようやく巡り会えた。その後はミノス家に居候し、「ペルちゃん」という愛称で呼ばれ、妹ポジションとして可愛がられている。

表情集

「邪神ちゃんおねーさん♪」

邪神ちゃんを探してさまよっていたころは、まだ人間界の空気に馴染めずガスマスク&黒マントという、怪しさ極まる格好だった。警察官から不審者扱いされてしまったのもうなずける。

PERSEPHONE II

FAVORITE

ぽぽろんちゃんは友達！

ペルちゃんはまだ幼いせいか、「天使と悪魔は敵同士」といった常識にとらわれない。たとえ相手が人間や天使でも分け隔てなく接しており、友達になることにも頓着しない。なかでもペルちゃんの純粋さに触れたぽぽろんは、悪魔に対する警戒感が徐々に薄れ、性格も丸くなっている。

SKILL

切れ味鋭い毒舌

いつも明るく無邪気なペルちゃんだが、子どもゆえの純粋さのせいか、ときとして人の心をえぐるような毒舌を吐くことがある。とくに邪神ちゃんからの暴言に対して、毒舌で反撃することが多い。相手の精神に効果的にダメージを与える言葉を選んでいるあたり、子どもといえども油断できない。

CHARACTER

母譲りの虚弱体質

もともと虚弱体質のペルちゃんは、人間界の汚れた空気を吸うだけで吐血するほど繊細。登場当初はガスマスクが手放せなかった。そして、弱すぎる身体を鍛えるべく、ミノスの部屋に居候しながら一緒にトレーニングを積むことに。結果、北海道の農場でアルバイトができるほど丈夫になった。

人間に憧れるお人好し妹キョンシー

キョンキョン

声／山下七海

PROFILE

9月23日生まれ／身長148センチ／魔界中国出身

魔界中国からやってきたキョンシー。見た目は小柄で可愛らしいが、ミノスと互角に渡り合えるほどの怪力の持ち主。魔界中国の偉い人に「人間界で善行を積めば人間になれる」と教わって人間界にやってきた。そのため、困った人を見つけると積極的に手助けする。反面、悪人には容赦がなく、不良を瀕死になるほど執拗にボコるという恐ろしい一面もある。

妹が心配な姉キョンシー兼パンダ

ランラン

PROFILE

声／田中美海

9月23日生まれ／身長148センチ（パンダ時30センチ位）／魔界中国出身

しっかり者で賢いキョンキョンの双子の姉。ふだんはキョンキョンの服にプリントされた「パンダの絵」として過ごしている。絵の状態だが、しゃべったりおいしいものを食べたり、ちょっとしたきっかけで服から出てきては戻るなど、身体の自由はある程度効く。なぜかいちご味のアメをなめると、短時間ではあるが元の姿に戻ることができる。

表情集

表情集

「人の役に立つって難しいネ！」

「お姉ちゃんがパンダになっちゃったんだヨ！」

KYONG KYONG RAN RAN

CHARACTER

いつでもどこでも一緒

同じ時間に生まれ、死んでキョンシーになって以降も、ずっと一緒に過ごしているキョンキョンとランラン。その仲の良さは、もはや一心同体といっても過言ではない。キョンキョンはたまに我を忘れて暴走することがあるが、ストッパー役のランランがいつも一緒にいるので大事には至らない。

CURSE

魔界パンダの呪い

かつて魔界動物園を訪れた２人。パンダを見物していたランランは「ゴロゴロしているだけで、可愛がられていいなぁ」などと考えていた。すると、檻の中にいたパンダの怒りを買い、呪いをかけられてこんな姿に……。しかもパンダは、翌日死亡。呪いを完全に解く術はいまだ見つかっていない。

LIFE

書店でアルバイト

人間界に移り住もうと考えていたキョンキョンは、ゆりねの紹介で神保町にある「ドラゴン書房」でアルバイトしている。善行を積むのが目的で人間界にやってきたキョンキョンにとっては、働いて人の役に立つことができ、さらに生活費を稼げるアルバイトは一石二鳥なのである。

PROFILE

暴走メンヘラ天使

ぴの

声／山田麻莉奈

6月9日生まれ／身長160センチ（厚底靴含む）／天界出身

ぺこらのお世話係を務めていた天使。悪魔との交流を続け、「反逆者」となったぺこらとぽぽろんを抹殺するためにやってきた。だが、ぺこらを倒そうとした際、ぽぽろんの不意打ちジャーマン・スープレックスを喰らって天使の輪を破壊され、力を失った。その後、天界に帰れなくなったぴのは、ゆりねたちが住むアパートの管理人として暮らしている。

表情集

「花園さんこそ
私《わたくし》の救世主！
メシアに違いありませんわ!!」

ミノスに勝るとも劣らないナイスバディーを持つぴの。そのせいか、露出度が高いヒモのようなビキニを着せられるなど、すっかり本作におけるお色気担当になっている。

PINO

FAVORITE

ゆりねは精神安定剤

天界の刺客が自分を始末しに来ると思い込んでいるぴのは、つねに不安に押し潰されそうになっている。唯一にして最高の精神安定剤は、花園ゆりねだ。悪魔も天使も力を認める存在であるゆりねが側にいれば、きっと守ってもらえると考え、頼られている当人がドン引きするほど依存している。

SKILL

絶品お菓子作り

ぴのの趣味は、お菓子作り。その技術はかなり高く、「天界お菓子作りコンテスト」でグランプリを受賞したこともある。プライドが高いぴのは自分のお菓子に絶対の自信をもっており、絶品チーズケーキをこしらえた邪神ちゃんには強いライバル心を抱いている。

CHARACTER

泣き虫の野心家

ぴのは天界を治めるリエールを倒して自らが新たな「主」となり、さらに人間界も魔界も滅ぼしてすべての世界の女王になるという、野望を持っている。そのくせメンタルは、リエールに会うたび「始末されるのでは!?」とパニック＆号泣してしまうほど、豆腐のようにやわやわなのだ。

見た目は幼女、中身は神様！

リエール

声／花井美春

12月24日生まれ／身長130センチ／天界出身

ぺこらをはじめとする天使が仕える「主」であり、天界を治める神の１人。神々の会議で堕落した人間の粛清が決まり、地上ごと人間を滅ぼすために やってきた。ぺこら曰く本来は熟女らしいが、人間界では子どもの姿のほうが警戒されないと考えて幼女化。現在は児童養護施設アイアンコマンドーの孤児として過ごしながら、人間の暮らしを体験している。

PROFILE

表情集

「今私はあのパンダに猛烈に乗りたくて仕方がない！」

神でも、つねにノースリーブ＆ヘソ出しはちょっと寒いらしい。友人のペルセポネ１世と外出したときはコートを羽織っていたが、ふだん着同様幼い外見にマッチするキュートなデザインだ。

L I E R E

CHARACTER

理性的なデキる上司

リエールは当初、悪魔と関係を持っているぺこらたちを、いずれは処罰しようと考えていた。だが３人の生活を観察したところ、悪魔との付き合いはあるが天界を裏切ったわけではないと認識を改めて、処罰は中止。ぺこらたちの身の上を案じてもくれており、理性と慈愛のある優秀な上司だ。

SKILL

幼女化しても強い！

天界を治める神だけあって、リエールは絶大な力を有している。その力は幼女の姿でも健在。ゆりね渾身の右ストレートをもらっても鼻血が出る程度。ドロップキックを放った邪神ちゃんを空中で真っ二つにしてみせた。最初は見くびっていた邪神ちゃんもあっさり態度を改めていた。

FAVORITE

趣味趣向も幼児化？

子どもの姿になった影響は思いのほか大きい様子。ファストフードのセットのおまけに目をキラキラさせたり、公園の遊具に乗りたくて仕方ないなど、趣味趣向まで幼児化している。……と思いきや、幼なじみのペルセポネ１世によれば昔から可愛いものが好きだったようだ。

ヴァンパイア族の最弱イキリ姫

エキュート

声／朝ノ瑠璃

11月11日生まれ／身長138センチ／魔界トランシルバニアファミリー地方出身

表情集

PROFILE

魔界トランシルバニアファミリー地方を治めるヴァンパイア族の姫。血液を食料としている一族が、安全に人間の血を得るために作った献血センターの神保町支部長を務めている。魔界有力者の姫であり高慢で生意気だが、じつはかなりのヘタレで、精神・肉体ともに脆弱。教育係であるアトレに頭が上がらず、ワガママを言ってはきつくシメられている。

「偉そうなのではない。偉いのじゃ！」

エキュートは由緒正しいヴァンパイア族の姫だけあって、おとなしくさえしていれば、セレブな雰囲気をまとった可憐な美少女。しかし口を開いた途端、恐ろしいほどの小物臭を発してしまう。だがそこもまた残念可愛い。

E C U T E

MISSION

ゆりねを仲間に迎える

エキュートが人間界にやってきたのは、ゆりねを仲間に加えるため。人間でありながら悪魔を従え、天使からも一目置かれている彼女に興味を抱いた父の命を受けて、スカウトにやってきたのだ。ゆりねはヴァンパイア化することに興味はあったものの、いまの生活に満足しているため、申し出を断った。

SKILL

ふわふわみるくぱんち！

ほかの悪魔を格下扱いし、傲慢に振る舞うエキュート。しかし、実力は恐ろしく低く、邪神ちゃんよりもずっと弱い。邪神ちゃんの隙を突いて必殺の「ふわふわみるくぱんち」を繰り出すが、軽～く片手で止められてしまった。名前からして弱そうだが、実際もふわふわで激甘なパンチだった。

CHARACTER

自称・魔界一高貴な存在

一族の長の娘であるエキュートは「魔界一高貴な存在」を自称し、ほかの悪魔を「平民悪魔」などと見下している。だが、じつのところヴァンパイア族は人間を襲って血を吸うなどトラブルが絶えず、魔界でも評判が悪い。いわば魔界における反社会的な存在。つまり、高貴（失笑）なのだ。

頭にヤが付く？ スパルタ教育係

アトレ

PROFILE

声／長谷川玲奈

3月3日生まれ／身長165センチ／魔界トランシルバニアファミリー地方出身

エキュートの教育係を務めているヴァンパイア族の悪魔。長身かつナイスバディーな黒髪美女で、傲慢なエキュートと異なり終始腰が低く、言葉づかいも丁寧。しかし、エキュートが姫らしからぬ態度をとった瞬間、語気を荒げて容赦なく折檻する。エキュートに対する愛情の裏返しなのだろうが、突如の豹変にはまわりの人もドン引きだ。

表情集

「なにカタギに手ぇ出ししとんじゃい！」

邪神ちゃんへ必殺技の飛び道具「ぽわぽわストロベリーフランベ」を放ったエキュートに、アトレはケジメとして指を詰めさせようとした。さすがに邪神ちゃんにも止められたが、その発想はヤ〇ザそのもの。

A T R E

CHARACTER

冷静で有能な部下

ヴァンパイア族は魔界でもゴロツキ扱いされており、これ以上評判が下がらないよう、アトレは細心の注意を払っている。ほかの悪魔に対しては徹底して冷静かつ温和に接し、ゆりねが仲間になるのを断った際もおとなしく引き下がった。筋を通すことを第一とする任侠らしい態度といえる。

SKILL

拳で英才教育！

エキュートに対するアトレの教育方針は苛烈。とくに「カタギに手を出す」など仁義に反することには非常に厳しく、初登場時は有無を言わさずエキュートのミゾオチに拳をめり込ませた。悪いことをしたらキツい折檻が待っている点は、邪神ちゃんとゆりねの関係とよく似ている。

WEAKNESS

イヌだけは苦手

つねにクールな態度を崩さないアトレだが、「ヴァンパイア族の弱点」であるイヌが大の苦手。ゆりねの家を訪れた際も、アパートの入り口にいたベートが恐くて敷地内に入れなかった。厳密にはベートはイヌではなく「ジェヴォーダンの獣」という魔物なのだが、それでも怖かったらしい。

クレイジーサイコポリスウーマン

橘 芽依

PROFILE

声／原奈津子

5月3日生まれ／身長165センチ／万歳橋警察署勤務

秋葉原の万歳橋警察署で働く警察官。見た目は美人だが、作中でもっともぶっ飛んでいるある種の危険人物。犯罪を取り締まる立場でありながら、街中で見かけた「可愛いもの」を勝手に持ち去る悪癖がある。お店の客寄せ人形にはじまり、邪神ちゃんや氷ちゃん（浩二）といった悪魔までお持ち帰りするなど、ほしいものは是が非でも手に入れるアウトローだ。

表情集

「苦しんでる顔も可愛い！
うふふ。うふふふふふ」

白いパーカーにコート、そしてスリムパンツというシンプルなファッションが、顔立ちの良さを引き立てている。中身は超サイコパスなのに、見た目ではわからないところが恐ろしい。

MEI TACHIBANA

FAVORITE

自称・可愛いもの好き

橘芽依に一般的な道徳観はない。彼女にとって「可愛いもの」がすべてだからだ。そのへんの看板だけでなく、お地蔵さまや墓石まで自宅に持ち込み、オリジナルネームをつけて愛でている。ちなみに邪神ちゃんは、「大蛇丸（おろちまる）」という名前を初対面のときにつけられていた。

SKILL

誘拐＆盗難＆銃発砲

橘芽依に世間の法律は通じない。彼女の中では自らが法だからだ。「ほしい！」と思ったら、物だろうが悪魔だろうが「逮捕・保護」という名目で自宅に持ち帰るという職権乱用をしまくっている。さらに、不満があると即発砲。……なぜ警察は彼女の所業を見過ごすのか？　千代田区の闇は深い。

CHARACTER

最凶の生き方

橘芽依に常識は通じない。彼女はなにものにも縛られない女だからだ。芽依のポリシーは「バレなければ何をしてもいい」というもので、警察官にあるまじき生き方を楽しんでいる。そんな彼女のヤバさは秋葉原界隈でも有名らしく、芽依の姿を見た住民は恐れおののいている。

OTHERS

ペルセポネ1世
冥界の王ハーデスの妻で、ペルちゃんの母親。魔界小学校で邪神ちゃんたちの担任を務めていた。人間の子どもの生活を学ぶため、児童施設アイアンコマンドーの職員になった。

ベート
ゆりねが拾ってきたイヌのような生き物。じつは魔界でも凶暴なことで知られる魔獣「ジェヴォーダンの獣」。ゆりねには従順でおとなしく、アパートの番犬となっている。

遊佐　氷ちゃん（浩二）
雪女のような姿をした氷族の姉妹。氷を操る能力に長けており、かき氷屋などで生計を立てている。妹はまだ名前がなく、ゆりねが姉の名にちなんで「浩二」と提案した。

悪魔A
エピソードの合間に現れ、さまざまな補足・解説をしてくれる芸達者。邪神ちゃんたちとの関係は一切不明。ちなみに北海道編などで遠出した際は、各地の食べ物を堪能するグルメな一面も見られた。

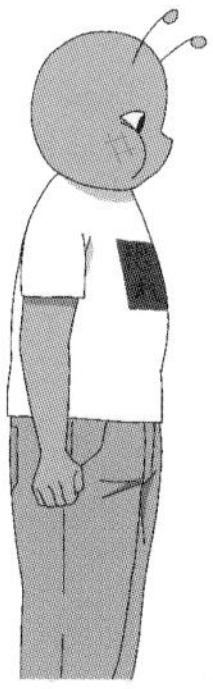

ユキヲ先生
「パトラ展」に現れた原作者。会場に直筆サインも展示されていたが、リエールに「いらねー」といわれショックを受けていた。

パトラ　ホルス
リエールが好きな作中アニメ『パトラちゃん』の主人公。従者のホルスは、ピンチになるとパトラちゃんを敵に売るクズ鳥。

魔界の子どもたち
邪神ちゃんが通っていた魔界小学校のクラスメイト。魔界にはさまざまな種族が暮らしており、みんな一緒に机を並べて学んでいる。

「アイアンコマンドー」の子どもたちと先生
いかつい名前の養護施設で元気に暮らす子どもたちと職員の先生。施設の少女・大地はリエールのルームメイトで、とっても仲良し。

大地

あずさ2号
邪神ちゃんが召喚した魔界バンビ。ドロップキックをくらって昇天。

単眼ちゃん
レベルアップを告げるメッセンジャー。役目を終えると爆死する。

鬼
魔界からやってきた小鬼。節分で豆をぶつけられるために存在する。

ハト男爵
作中アニメ『ハト男爵』の主人公。邪神ちゃんの憧れ。

地蔵
お供え物を奪った邪神ちゃんに罰を与えたお地蔵さま。

雲地空太
虫歯で苦しむ邪神ちゃんに頭突きを食らわせた少年。

阿倍さん
酔った邪神ちゃんが間違って帰宅した部屋のお姉さん。

身宇裸
邪神ちゃんとバーで飲み比べした中年サラリーマン。

取り立て人 I～IV
邪神ちゃんがギャンブルなどでつくった莫大な借金を取り立てに来た男たち。北は北海道、南は九州まで、津々浦々追い回していた。

魚住
ミノスの父が仕切る組の若頭。ミノスをお嬢と呼ぶ。

尾崎比呂　千葉茂　桂大五郎
アキバで生息している3人組のオタク男子。天使のえる（ぽぽろん）の大ファンで、彼女が働いているラーメンの売上にも貢献している。

棚橋
ぺこらのバイト先に、必ず先輩として登場する若者。

神保町コレクション 2022

天使と悪魔と人間が交差する街で、いつもにぎやかにしている面々の服装をチェック！

邪神ちゃん

「服は弱いヤツが着るもの」と公言する邪神ちゃんだが、料理中のエプロン姿をはじめ、海水浴や旅行中、さらには脳内世界などキャラ随一のさまざまな装いを見せてくれた。また悪魔合体をすることで下半身がイルカやエミューに変化したり、背中にタンチョウヅルの羽が生えたことも。

花園ゆりね

ゴスロリを愛するゆりねは、旅行服や水着、寝間着もフリルやリボンがたくさんあしらわれたデザインが好みのようだ。髪型は基本的にツインテールがお気に入りで、就寝前だけ下ろしている。

邪神ちゃんお手製悪魔コスプレ　水着　エプロン姿　アイヌ衣装　旅行服　EX衣装　寝間着　登山服

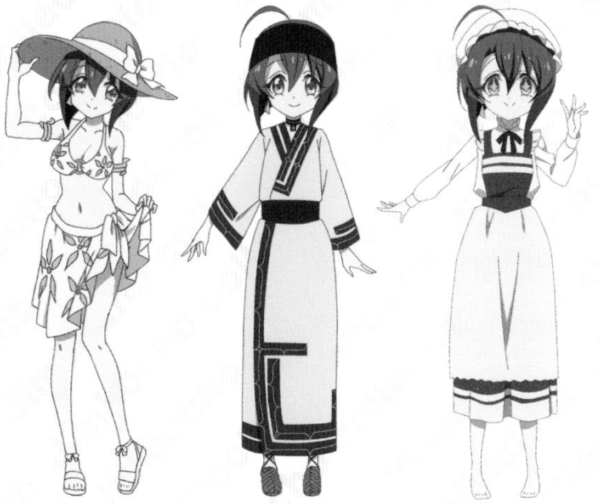

水着　アイヌ衣装　ぶどう踏みの衣装

ミノス

いつも肉体労働に励むミノスはジャージやオーバーオールのようなカジュアルで動きやすい服装を愛用。まったく色気のない姿でも主張が激しい巨乳は、水着になるとより強調される。

水着　牧場作業服　ジャージ姿　幼少期

メデューサ

トレードマークのエジプト風衣装から衣替えすると、印象が大きく変わるメデューサ。本人の性格も相まって、何を着ていても清楚可憐な雰囲気が際立っている。

おしゃれ着　パティシエ姿　幼少期

ぺこら

女性的な部分になかなか栄養が届かないせいか中性的な印象のぺこら。それだけに、（別人ではあるものの）天草四郎のような男装は、とても似合っている。

水着　天草四郎　バイト服

ペルセポネ２世

妹キャラとして可愛がられているペルちゃんの衣装は、キュートなものばかり。華奢なシルエットもありお人形さんのよう。

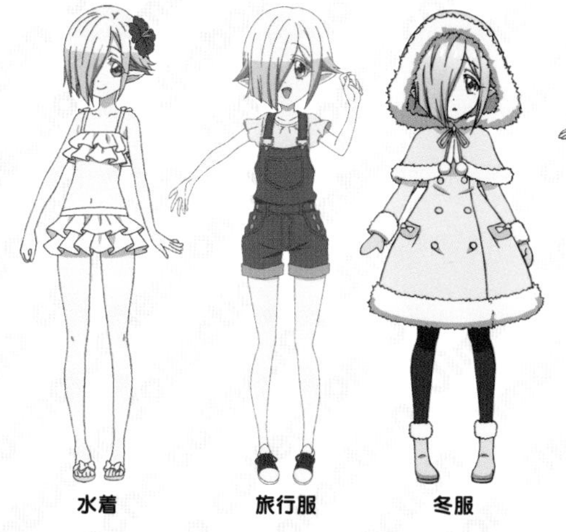

水着　旅行服　冬服

ペルセポネ1世

教壇に立っているときの姿。黒ローブでも大人女性の凹凸は健在。

黒ローブ姿

遊佐＆氷ちゃん（浩二）

一見すると似ていない姉妹だが、水着はお揃い。水着の柄は氷族らしく雪の結晶がモチーフ。

水着

ベート

魔獣化

ゆりねの魔法演唱で変化した。見た目は凶悪だが鳴き声は元のまま。

ぽぽろん

現役アイドル天使らしく、水着でもバイト服でも可愛らしさと清潔感を両立させている。

バイト服

天草四郎の姉

水着

ぴの

誰もが羨むナイスバディーは水着のときはもちろん、着物姿においても強調されている。

天草四郎の妹

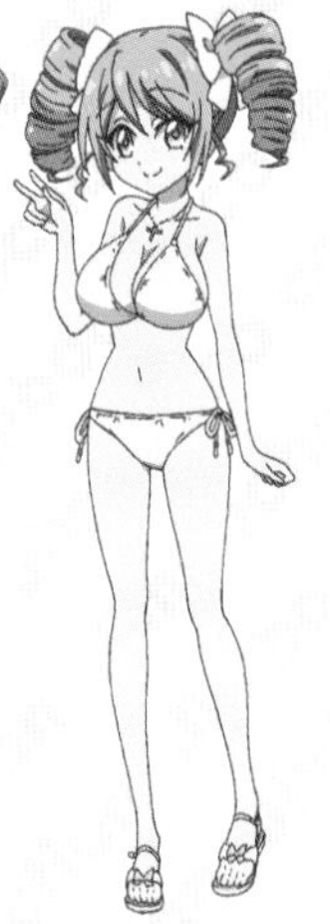
水着

リエール

とってもプリティなビキニ姿。胸元や腰を飾っているリボンは幼女だからできる冒険？

救命胴衣着用

水着

橘芽依

ミノスやぺこらよりも衣装が多い。水着姿ではナイスバディーに目が行く。見ているぶんには無害の美人だ。

武将姿

旅行服

振袖

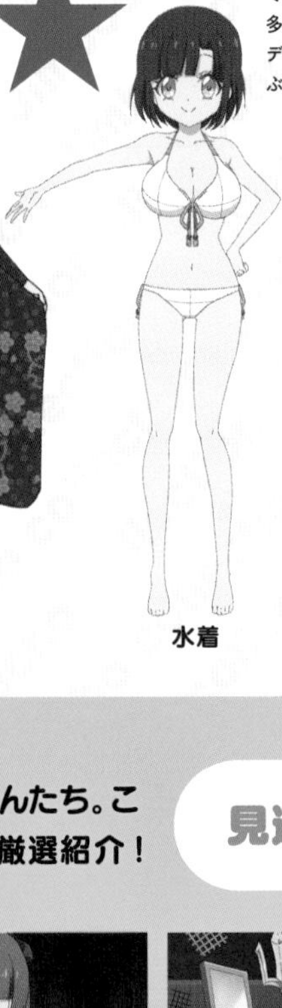
水着

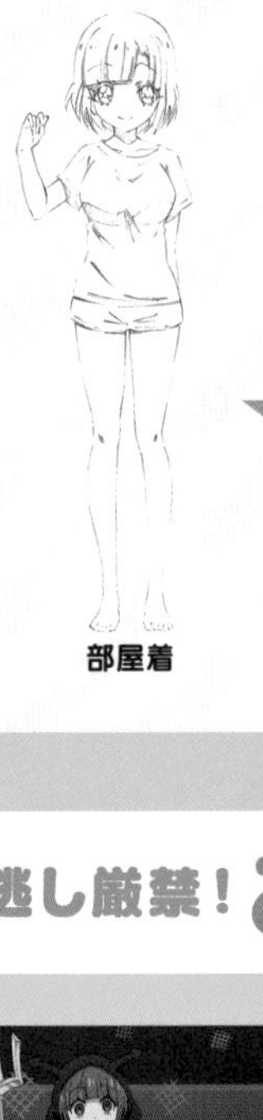
部屋着

キョンキョン&ランラン

姉妹で色違いの水着を着用。妹はグラマラス、姉はスレンダーな体型がよくわかる。

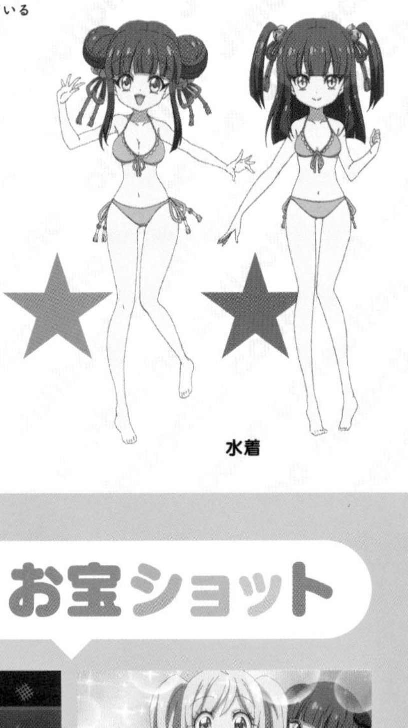
水着

見逃し厳禁！お宝ショット

作中で数多くの変装&変身をしてきた邪神ちゃんたち。ここではカットのみ残存しているお宝ショットを厳選紹介！

▲▼バイトに励む氷姉妹と、子どものためにサンタになったぺこら。職業コスもイイ

▲▼セーラー服といえば機関銃。下の邪神ちゃんは亡霊・テケテケのオマージュ

▲虫歯を擬人化したような悪魔コスプレをしたゆりね。珍しく恥ずかしがる様子を見せた

▲ハト男爵のマントを羽織りご満悦の邪神ちゃん。ゆりねお手製のツインテールも可愛い

▲邪神ちゃんから誕生日にプレゼントとして忍者変身セットをもらったメデューサ

▲支笏湖の巨大チップとも合体した邪神ちゃん。繰り出すキックは威力絶大!?

▲邪神ちゃんの脳内に住む分身たちは人間とは限らない。ブッダやSJのような巨体の持ち主に、クマムシのような小動物まで多種多様だ

2

第1期
フィルムストーリー

ですの!

SEASON 1

第1話

脚本／筆安一幸　絵コンテ・演出／佐藤 光　作画監督／古賀 誠、代見裕美、渋谷 勤（料理）

「開始10分で最終回スペシャルですの！
残りは総集編で頑張りますの――!!」

神保町で暮らす女子大生・花園ゆりねによって人間界へ召喚された邪神ちゃん。彼女が魔界へ帰る方法は召喚者が死ぬこと!? すき焼きパーティーの最中、必殺技のドロップキックでゆりねを殺そうとするが、即返り討ちに。じつは邪神ちゃんは魔界でも並ぶ者がいないほど弱かったのだ。しかし、懲りずに友達のメデューサから武器としてバールを購入。誕生日を祝うふりをして、ゆりねを襲う計画を立てるが……。

ゆりねのお仕置きは第１話から全力全開！

記念すべき１回目のお仕置きは、邪神ちゃんの尻尾を剣でスライス。大量に吹き出す赤色がちょっぴり刺激的だった。しかもスライスした肉を、そのまま食卓に並べる鬼畜っぷり。ゆりねの恐ろしさは第１話からフルスロットル！

第2話

脚本／筆安一幸　絵コンテ・演出／菊池聡延　作画監督／菊池聡延、岡野力也

「この女には何をしてもいいから
私は見逃してほしいですの！」

邪神ちゃんは涼を求めて、氷の悪魔を呼び出すことにした。ところが、弱い者には強く出る性格の彼女は小さくて可愛い氷ちゃんを下級悪魔呼ばわりし、手痛い反撃を受けることに。後日、メデューサがゆりねの部屋へやってきた。しかし、呼びつけた邪神ちゃんは不在。そこで、ゆりねが相手をすることにしたのだが、メデューサの口からは、魔界小学校時代の邪神ちゃんのクズエピソードが語られることに。

不憫可愛いぺこら

天使の力を失ったぺこらは、いつもひもじい思いをしている。ときには、本来駆除対象のゆりねから食べ物を恵んでもらう屈辱も。天界の神々が、ぺこらに対してここまで厳しい試練を与えるのは、その可愛さゆえ？

第3話

脚本／筆安一幸　絵コンテ・演出／矢野孝典　作画監督／佐藤義久、西村 彩、桜井このみ、服部一郎

クリスマスもぺこらはお腹を空かせながら街を徘徊。邪神ちゃんはそんな彼女から唯一の食料であるパンの耳を奪おうとして……。またあるとき、ゆりね宅には氷ちゃんと姉の遊佐が来訪。氷ちゃんをいじめる邪神ちゃんに対し、遊佐は厳しく抗議。さらに別の日、メデューサにお金を貢がせている場面をゆりねに目撃された邪神ちゃん。ゆりねからの注意を聞こうとするメデューサを、邪神ちゃんは裏切り者だと罵倒する!!

「チキン……！
味の濃いモノ……」

愛してるメデューサ 略して、ATM！

メデューサにお金をたかる邪神ちゃん。しかも、「金は貸したら返ってこないと思ったほうがいい」とクズ発言。ふつうなら絶縁されて当然だが、なぜか2人は仲良し。たまに起きるケンカも、愛を確かめ合うイベントにすぎない!?

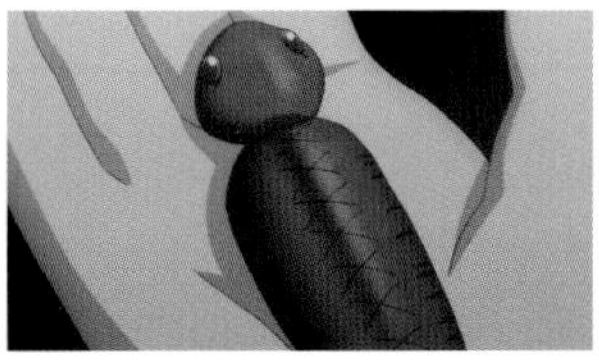

第4話

脚本／筆安一幸　絵コンテ／山田浩之　演出／藤代和也　作画監督／河西睦月、金 正男、藤田まり子

少年から卑劣な方法でフィギュアを奪い取り、万歳橋警察署の警察官・橘芽依に逮捕された邪神ちゃん。しかし、芽依によると、盗んだのはフィギュアではなく自分の心だと言う。そして、自宅へ邪神ちゃんを持ち帰ろうとするのだった……。また別の日、自分が脱皮した抜け殻を使い、メデューサにドッキリを仕掛ける邪神ちゃん。本当に彼女が死んだと思ったメデューサは怒り心頭。そして恐怖の「敬語メデューサ」が姿を現す。

「警察に捕まって、ヘラヘラしてる人が
どこにいるの――!!」

邪神ちゃんの天敵現る!

橘芽依は、街でひと目ぼれした邪神ちゃんを我が物にしようとしたり、それが無理だとわかると命を奪おうとしたりと大暴れ。傍若無人の邪神ちゃんも、サイコパスな彼女の前では悲鳴と号泣。ひたすら怯えまくるのだった。

第５話

脚本／筆安一幸　絵コンテ・演出／山田 卓　作画監督／北原章雄、代見裕美、勝谷 遥、森 悦史

「うふふ。もっといい声で鳴きなさい……」

ゆりねからメンチカツ弁当をもらったぺこら。魔女の施しを受けるべきか悩んでいると、その隙に邪神ちゃんが弁当を横取り!?　またある日、ミノスがゆりねにマンドラゴラをプレゼント。しかし、ミノスとケンカを始めた邪神ちゃんの下敷きとなりマンドラゴラは動かなくなってしまう。ゆりねは邪神ちゃんにキツいお仕置きをすることに。そして、再び邪神ちゃんの前に現れた芽依は、邪神ちゃんに華麗な逮捕術を炸裂させる。

料理も神作画

たびたび食事シーンが描かれる本作において、料理の作画がハイクオリティー！　第５話は揚げ物が登場。キツネ色にカラリと揚がったコロッケに思わずゴクリ……。料理シーンを担当したアニメーターのこだわりが光る。

第６話

脚本／村上桃子　絵コンテ・演出／角地拓大　作画監督／古賀 誠、代見裕美、菊池聡延、岡野力也、佐藤義久

「なんでカレー混ぜてたら魔界の入り口に来ちゃったかなぁー？」

カレーの調理中、偶然が重なり過去の魔界へ飛ばされた邪神ちゃん。幼少時の自分たちに会ったりしたものの、なんとかして現代へと帰還した。しかし間が悪く、ゆりねがカレーを食べようとしたところに出現し!?　そんなにぎやかな(？)日常のなか、天界でぺこらの部下だったぽぽろんが人間界へ。彼女の目的はぺこらを始末し、地位を乗っ取ること。絶体絶命のなか、カレーを持って現れた邪神ちゃんは救いの神となるのか？

腹黒天使 ぽぽろん降臨

ぽぽろんは、ぺこらが天使の力を失っていると知るや、問答無用でバズーカを発射！　さらに、ぺこらを肉塊＆ゴミ呼ばわりして尊厳を傷つけ、邪神ちゃんお手製カレーを地面にぶちまける。その所業は天使というよりも悪魔!?

第7話

脚本／村上桃子　絵コンテ・演出／永居慎平　作画監督／藤田まり子

前話で邪神ちゃんに敗北したぽぽろんは復讐を決意。彼女の急襲攻撃に対し、邪神ちゃんは天使の輪を食べて反撃！　また別の日、大好きな邪神ちゃんにお金を貢ぐため、メデューサはバイトを増やしたのだが、それが原因で浮気を疑われてしまう。疑ったお詫びとして邪神ちゃんは彼女とのデートを約束。魔界の薬により足が生えた邪神ちゃんが渋谷へ向かうと、そこには石化防止用の紙袋をかぶっていないメデューサが待っていた。

「足が生えてますの！」

たまには デートも！

いつもメデューサを都合のいい女扱いしている邪神ちゃん。しかし、彼女が自分以外の女の子と仲良くする姿を思い浮かべて嫉妬するほど、じつは大好き。そんな相思相愛の2人のデートは、百合成分たっぷりでニヤニヤ必至！

第8話

脚本／村上桃子　絵コンテ／永居慎平　演出／佐々木達也　作画監督／河西睦月、Hong ein soo

天使の輪を失い天界へ帰れなくなったぽぽろん。ぺこらは自分と同じ不遇を心配するが、彼女はすでにラーメン屋でバイトを始めていた。一方、節分に備え、邪神ちゃんは魔界から豆まき用の鬼を呼んでいた。しかし、やってきたのは子どものように小さな鬼。容赦なく豆をぶつける邪神ちゃんに対して、ゆりねは特製豆まき機を乱射してお仕置き。ちょっとだけ反省した（?）邪神ちゃんは、ぺこらに恵方巻きを持っていくが……。

「快、感♪」

はかどるぺこ虐

相変わらずホームレス生活を送るぺこらは、“地面に落ちた食べ物も30秒以内に食べればOK”という「30秒ルール」を発動。道行く親子に憐みの目を向けられながらも、落ちて汚れた恵方巻を嬉しそうに貪っていた。

第９話

脚本／村上桃子　絵コンテ／永居慎平　演出／北原章雄、山田 卓　作画監督／北原章雄、代見裕美、佐藤義久、勝谷 遥、中島大智、森 悦史

「体を動かした後の風呂はサイッコー……だぜ～」

ある日、邪神ちゃんとメデューサの２人は銀行強盗に遭遇してしまう。メデューサが犯人を石に変え、事件は一件落着かと思われたのだが、サイコパス警官・芽依が現場にやってきた！　また別の日、元気で働き者のミノスは職場で頼りにされ、子どもたちの間でも人気者。子どもに人気がない邪神ちゃんは嫉妬をして……。いっぽう、ゆりねと一緒に立ち寄ったラーメン屋ではぽぽろんが「天使のえる」と名乗っていた。

プリンという名の悪魔的な食べ物

第９話はプリンのエピソードも描かれた。それは人間界で邪神ちゃんを虜にした魅惑のお菓子。そのハマりっぷりは、定期的に摂取しないと痙攣を引き起こすほど。もしかすると悪魔にだけ中毒症状を引き起こす成分が含まれている？

第10話

脚本／筆安一幸　絵コンテ／花井宏和　演出／松村樹里亜　作画監督／藤田まり子、西村 彩

「みんなのホーリーアイドル！のえるちゃんでぇーす！」

給料を募金詐欺師に奪われたぺこら。新たなバイトを探し出し、日給３万円の仕事を発見。職場へ向かうと、そこに現れたのはアイドル活動を始めたぽぽろんだった。ぺこらはイベントで彼女を守るシールドとして奮闘することに。一方、バレンタインデーが迫り、大切な人のためにチョコを作りたいと話すメデューサ。邪神ちゃんはメデューサの大切な人に激しく嫉妬するのだが、嫌々ながら彼女にチョコの作り方を指南する。

アイキャッチも遊び心満載！

本作のパロディーは多岐にわたる。全部ピンとくればかなりのマニアだが、第10話のアイキャッチは超有名作品が元ネタでわかりやすい。あからさますぎて、あわよくば本気でコラボを狙っていた!?

第11話

脚本／筆安一幸　絵コンテ／ウシロシンジ　演出／佐藤 光　作画監督／岡野力也、代見裕美、細田沙織、山田雄一郎、簾畑由実、森 悦史

突然高熱を出して寝込んでしまったゆりね。このまま死ねば、邪神ちゃんは魔界に帰還できる。ところが彼女はメデューサやミノスを呼び出して看病を開始。さらにゆりねへの秘めた思いを込めて彼女の枕元で1曲歌うことにした。また、桜が舞う季節になり、仲間たちが集うお花見をしていた邪神ちゃん。ある日、子どものために木の枝に引っかかった風船をとってあげようとしたが、風船のひもを掴むとそのまま宇宙へ!?

「魔界にも帰りたいけど……私は……
お前らを失う方が困るんですの……」

ウソみたいだろ……邪神ちゃんなんだぜ

クズが具現化したような邪神ちゃんだが、弱っている人を放っておけないやさしさもある。しかし、面倒臭い性格のせいで、やさしさを指摘されると照れ怒り。ゆりねを看病する姿は、そんな彼女の貴重な一面が凝縮されていた。

第12話

脚本／筆安一幸　絵コンテ・演出／菊池聡延　作画監督／菊池聡延、山本真嗣、藤田まり子、岡野力也、山口 菜、勝谷 遥

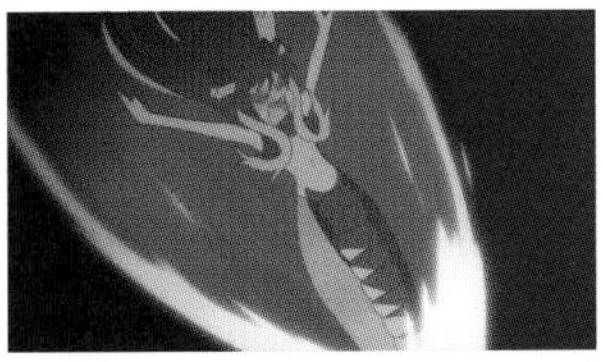

商店街の福引で1等が当たり、邪神ちゃんたちはビーチでバカンスを楽しむことにした。そこには人間界で邪神ちゃんを探し続けていたペルセポネ2世の姿も!? そんななか、突然現れた巨大な魔物クラーケンが襲いかかってきた。戦いの後、こんな目に遭ったのは自分を人間界に召喚したゆりねのせいだと逆恨みした邪神ちゃんは、フルアーマー姿に変身。またゆりねも左目の眼帯を外したことで真の力を解放し……。

「可愛いのではない。
強いんですの」

ビキニ姿で合流！ペルセポネ2世

人間界をさまよっていたペルちゃんが、なぜかみんなと仲良くなっている。いつの間にそんな関係に？ と疑問を抱かずにはいられないが、キュート&セクシーな水着姿を前にしては些細な問題♪

悪魔Aのちょい足し その1

話題豊富な『邪神ちゃん』の仕掛け人
宣伝P・柳瀬一樹氏に語らせたい！

『邪神ちゃんドロップキック』は第3期の放送終了後も、新クラウドファンディングの発表や二次創作ガイドラインの制定など話題豊富だ。発信力なら、覇権アニメにだって負けていない。その立役者である宣伝プロデューサー・柳瀬氏が、同作について本音で語ってくれた。

なぜ『邪神ちゃん』は次々と革新的な施策を打つことできるの？

柳瀬　よく質問されます。ふだんは謙虚にやんわり答えるのですが、この文章は邪教徒のみなさましか読んでいないと思いますので、本音で語りましょう。2022年夏アニメ、プロモーションで一番話題になったのは『邪神ちゃん』だと思います！　ヤッター!!　なぜこれを実現できたのか。それは『邪神ちゃん』が弱者だからです。

『邪神ちゃん』は弱者なの？

柳瀬　『邪神ちゃん』の同期作品は全部で59本（※「アキバ総研」調べ）ありました。戦う女子高生2人組や異世界から帰還したおじさんの話など、私も大好きな名作揃いの豊作シーズンでした。大手はオウンドメディア（自社で使える屋外広告やCM枠）も強く、資本力もあります。これらを駆使してどのようにプロモーションを行っていくかしっかりとプランニングをするでしょう。これに対して『邪神ちゃん』は媒体力も資本力も弱いので、同じやり方をしても絶対に勝てません。横並びの番組リストからは読み取れませんが、実際にはスタート地点が全然違うのです。これを「『邪神ちゃん』は弱者である」と呼びました。大手だと怒られるのに、だいたい何をやっても「『邪神ちゃん』だからしょうがない」と言ってもらえるのは、弱者ならではの強みです。

弱者だとなんで勝っちゃうの？

柳瀬　弱者が強者に勝つためには勝てるところで勝つしかありません。私は元々大手にいたので、大手がその強大な力を発揮するためには合議による判断が必要で、企画を推進したい人がどれだけ事前の準備・根回しをしなくてはならないかをよく知っています。そのため、弱者である『邪神ちゃん』が勝てる可能性があるとしたら、機動性しかないと考えました。実際、大きな話題になった「違法より早い切り抜き」「MAD投稿祭」「違法アップを合法化」までの施策は企画立案から実現までをわずか3カ月でやり切っています。

大手もそのやり方をすればよいのでは？

柳瀬　そうですね。ふるさと納税でアニメを作ることも、違法アップロードを活用していくことも、思いつく人はたくさんいると思います。それなのに実現しないのはなぜなんでしょうね。他作品のプロデューサーから「そのやり方は本当は俺がやりたかった」と言われたとき、自分はきっと第3期第3話のペルちゃんのような顔でニヤリとしていたと思います。

最後に、邪教徒に何か言うことはある？

柳瀬　こうしてムック本まで購入してくださる邪教徒のみなさまは、映像作品としての魅力はもちろんのこと、『邪神ちゃん』というIPの生き様に魅力を感じてくださっているのではないでしょうか。我々がここまで頑張れるのは、応援してくれるみなさまにもっと楽しんでほしい、もっと笑ってほしいという気持ちが原動力となっているからです。これからも第4期、第5期と続けていくため、ぜひ「『邪神ちゃん』面白い！」という声を聞かせてください。『邪神ちゃんNEXT』、一緒に創っていきましょう！きっとこの本が出るころには決まっている「東京アニメアワードフェスティバル2023」の結果にも注目！

宣伝プロデューサー
柳瀬一樹
上智大学外国語学部卒。2002年NTTドコモ入社。アニメ配信サービス「dアニメストア」のサービスを設計。2016年KADOKAWAに入社。2019年に独立し『邪神ちゃんドロップキック』『理系が恋に落ちたので証明してみた。』『恋と呼ぶには気持ち悪い』などの宣伝プロデューサーを務める。全国初のふるさと納税を用いたアニメ制作や、違法よりも早い公式切り抜き、違法アップロードの合法化など今までにないプロモーションの案を練る。2022年に『邪神ちゃん』研究計画で東京大学大学院に合格。

Q

キャストインタビュー ですの!

花園ゆりね役

大森日雅

謎が多いゆりねの頭の中を知りたい

邪神ちゃんとゆりねは長年連れ添った夫婦のよう

――お2人にとって『邪神ちゃんドロップキック』の魅力とは？

大森　第3期から登場したエキュートやアトレを含めて、個性的で濃いキャラがたくさん登場するところが一番の魅力です。ただ……個人的には邪神ちゃんとゆりねの関係を見ているのが一番好き。これからも2人のにぎやかなやりとりをずっと見守りたいです。

鈴木　私もそう思う。にちかちゅ（＝大森の愛称）の話に加えると、第3期はエキュートとアトレのコンビが印象的でしたが、2人の関係が邪神ちゃんとゆりねに似ているんです。暴走しがちなエキュートにアトレがキツイお仕置きをするっていう（笑）。このやりとりを見ていると、邪神ちゃんとゆりねの関係を思い出して、感慨深くなってしまいます。フレッシュなエキュート＆アトレに対して、邪神ちゃん＆ゆりねは長年連れ添った夫婦みたいだなと（笑）。

大森　夫婦のようでもあり、大親友のようでもあるかもね。

鈴木　印象深かったのは、ゆりねが熱を出して寝込んだとき（第1期第11話）。ゆりねが死ねば魔界に帰れるということで一瞬よろこぶ邪神ちゃんでしたが、結局心配になってメデューサやミノスに「どうしよう」って、相談するんです。やっぱり邪神ちゃんにとってゆりねは大切な存在だったわけで。最後は自分たちのことを「神保町哀歌」の独唱で歌い上げていたし（笑）。

大森　あの歌、大好き！　イベントで愛奈ちゃんが歌ってくれたときは、感動で涙が出ました（笑）。

――邪神ちゃんとゆりね、それぞれの

邪神ちゃんは愛されるクズです

邪神ちゃん役 鈴木愛奈

――キャラの印象を教えてください。

大森　ゆりねはミステリアスな印象です。人間なのに天使たちの主であるリエール様よりも強いかもしれないし、眼帯で隠れている左目の秘密もよくわからないし、大学生活がどんな感じなのかも不明だし……。そんな謎を全部ひっくるめて彼女に対する私の気持ちをひと言で表すと「好き」ですね（笑）。ゆりねの頭の中を全部知りたいです。

鈴木　私の邪神ちゃんへの気持ちは「可愛い」です。確かに邪神ちゃんはパチンコで全財産を使い果たすなど〝クズ〟な部分はありますけど、料理や掃除などの家事は甲斐甲斐しくこなします。そんなギャップに可愛らしさを感じます。さらに、悪態をついてばかりいるけれど友達に見放されると傷ついて胃液が逆流しちゃう（笑）。さみしがり屋でメンタルが弱いという面も本当に可愛いと思います。つまり、邪神ちゃんはクズはクズでも愛されるクズなんです（笑）。

大森　失敗が多いのが本当に可愛いよね。私がツボだったのは第3期第4話の魔界小学校時代の消しゴム事件（笑）。あのエピソードは最高です。

鈴木　キャラ消しゴムって「消しゴム」と名乗っているクセにきれいに消せなくて、むしろ汚くなっちゃうんだよね～。魔界小学校時代だと体重測定に備えて減量して体がペラペラになった姿（第3期第11話）も可愛かった（笑）。

大森　横から見ると線が歩いているみたいになっちゃったときね。ああいう失敗エピソードは本当に愛おしいです。

――演じているキャラとご自身との間に共通点を感じることはありますか？

鈴木　私も邪神ちゃんのように脳内会議を開くことがあります。買い物中に脳内のいろいろな自分と「どうする？」と議論することがしょっちゅう（笑）。あと共通点ではありませんが、料理が上手なところには憧れますね。健康のためによく自炊しているんですけど、邪神ちゃん並みのスキルがあったらなと、よく思っています。

大森　私は共通点どころか、第3期まで演じ続けてきたせいか、最近自分とゆりねの境界線がよくわからなくなってきていまして（笑）。とくに笑いのツボ。台本を読んで思わず笑っちゃった場面では、ふだんポーカーフェイスのゆりねも笑っていたりするんです。あと、私がネコ好きなのを知ったユキヲ先生が、マンガの中でゆりねがネコを「可愛い〜」と愛でている場面を描いてくださったんです。つまり、ゆりねのほうからも私に寄ってきてくれている。このままだと近いうちに一体化しそうです。あ、もちろん愛奈ちゃんにお仕置きをしたりはしませんよ（笑）。

数少ない同業者の友人 2人で夢の国に行きました

——続いてお2人のお互いの印象について教えてください。

鈴木　私のにちかちゅに対するイメージは第1期のころから変わっていないかも……。にちかちゅは一切裏表がないんです。だから一緒にいてまったく苦にならなくて、本当に居心地がいい。いつもそばにいてくれてありがとうという気持ちが強いです！

大森　嬉しい！　私の愛奈ちゃんへの気持ちもまったく同じ。最初のころから変わらず、一緒にいて本当に居心地がいい。そしてやっぱり裏表がないんですよね。いつもいま目の前にいる姿のまま。面白いことがあればアフレコ中も大笑いしているし（笑）。

鈴木　しかも大口開けてね（笑）。

大森　アフレコといえば、邪神ちゃんはセリフ量が半端なく多いんです。それを完璧にこなしている愛奈ちゃんは本当にかっこいい。マイクの前に立っている姿が神々しく見えるときがあります（笑）。とにかく、邪神ちゃんは愛奈ちゃん以外の人には演じられない。愛奈ちゃんのおかげで邪神ちゃんはどんどんクズに磨きがかかっているといっても過言ではありません！　もちろん褒め言葉ですよ！（笑）

鈴木　嬉しい〜（笑）。

——現実でのお2人の関係性も、邪神ちゃんとゆりねのように仲が良い？

大森　そういえば、コロナ前にはよく一緒に遊んだりもしていたよね。

鈴木　2人で夢の国に行ったり。

大森　神保町のカレー屋さん「ボンディ」にも行きました。

鈴木　「さぼうる」も一緒に行ったんだけど、そのときは残念ながら生いちごジュースが売り切れていて。邪神ちゃんみたいに何十杯も飲んでやろうと意気込んでいたのに（笑）。

大森　人気がすごいみたいだよね。それでカラフルなメロンクリームソーダを2人で飲みました。ちなみに、私はプライベートでも付き合いのある同業者の友達がとても限られているんですが、愛奈ちゃんは数少ない1人です。

鈴木　まったく一緒（笑）。だから余計に「いてくれてありがとう」。

大森　また夢の国に行きたいね。

鈴木　うん。併設されているホテルにも泊まりたい。あと、にちかちゅの家に行ってネコちゃんを愛でたいです！

大森　いつでもウェルカムです！

——楽しいお話は尽きませんが、『邪神ちゃん』のもう1つの魅力であるバイオレンスな部分の話も聞きたいです。ゆりねは邪神ちゃんのお仕置きにさまざまな武器を使っています。実際に使ってみたい武器はありますか？

大森　日本刀です！　和のテイストが好きなんです。着物、緑茶、そして日本刀という感じですね（笑）。着物といえば、ゆりねが実家の神社に帰ったときに巫女服を着ていましたが（第3期第10話）、あの場面も素敵でした。神社の娘というだけで徳が高いです（笑）。

——一方、邪神ちゃんの必殺技はドロップキック。鈴木さんの必殺技は？

鈴木　必殺技というにはこぢんまりとしていますが……。私、どちらの目でもきれいにウィンクができるんです（笑）。しかもこの技術、特訓を重ねて体得したんです！

——男子のハートを射貫く必殺技ですね。大森さんには効く？

鈴木　（大森に向けて）パチリ♡

大森　いやーん♡

——満更でもないみたいですね（笑）。ちなみに、ドロップキックを食らわせたい相手はいますか？

鈴木　どうやら私は定期的に虫を引き寄せる体質のようでして。先日は、ウチに帰って玄関を開けようとしたらゴキブリが近づいてきて！

大森　なんて恐ろしい！

鈴木　いきなりくるのは本当にやめてほしいです！　次に現れたら、ドロップキックをお見舞いします！

役者としての幅を広げてくれました

すずきあいな
7月23日生まれ。北海道出身。IAM AGENCY所属。『ラブライブ！サンシャイン!!』（小原鞠莉役）、『イジらないで、長瀞さん』（ヨッシー役）など多数出演。2019年より歌手としても活動を開始。2021年12月に2ndアルバム「Belle révolte」をリリース

大森 私が許せないのはヘビとネズミです。子どものころ長野に住んでいたのですが、そのころは登下校中に毎日のようにヘビに出くわしていたんです。いまは邪神ちゃんのおかげでヘビっぽいものに少しは慣れましたが（笑）、当時は本当に怖くて。そして東京に出て来るとさすがにヘビを見かけることはなくなったんですが、今度はネズミと出くわすことが多くなったんです。しかも街中で、かなり大きいヤツ！ あまりにも大きくて「ネコかな♡」と思っていたらネズミで！

鈴木 私は見たことないかも。

大森 それはかなり幸せだよ！ 今度見かけたら日本刀で……というのはひどすぎますね。命は助けてあげるので、速やかに立ち去ってほしいです（笑）。

第4期ではアパレルコラボ さらに神保町ツアー開催!?

――好きなキャラとその理由を教えてください。

大森 キョンキョン&ランラン姉妹です。ときどき暴走するキョンキョンを、お姉ちゃんのランランが胸元で一生懸命抑えている姿が微笑ましくて。第4期では2人をもっと深掘りするエピソードを観てみたいです。

鈴木 ふだんどんな生活をしているのかも知りたいしね。あと人間バージョンのランランももっと観たいです。

大森 愛奈ちゃんの好きなキャラは？

鈴木 私はリエール。天使たちの主という偉い立場なのに、人間界だと子ども姿になっているせいか、本当に子どものような行動をしてしまうところがたまらなく可愛くて（笑）。

大森 第3期の最終回では、太陽が落ちてくるという異常事態が発生したというのにスヤスヤと寝ていたんだよね（笑）。もう完全に無邪気な子ども。あと神保町のパンダの遊具のエピソード（第3期第5話）は最高だった！（笑）。

鈴木 そう！ あの場面、邪神ちゃんはいじわるすぎだよね。過去にないくらいメッチャ悪い顔をしてました（笑）。

大森 でも主の力を使ったリエールに強引にパンダ遊具から引きずり落とされると、一気に興ざめして帰っちゃうっていう（笑）。あの急激な心変わりっぷりも、邪神ちゃんらしくて大好き。

――（笑）。続いて、今後の展望や希望をお聞かせください。

『邪神ちゃん』は実家のような存在

鈴木 『邪神ちゃん』といえばさまざまな方面でコラボをしていますが、もっとアパレルとのコラボを見てみたいです。若い女性など新たな方々に『邪神ちゃん』を知っていただくきっかけにもなると思います。

大森 いいね〜。私は神保町で邪教徒のみなさんと『邪神ちゃん』にまつわる場所を巡るツアーをやりたいです。

鈴木 それもいいね！ クラウドファンディングをはじめ、邪教徒のみなさんには本当にお世話になってばかりなので恩返しをしたいし。

大森 うん。邪教徒のみなさんには、本当に感謝しています。そして、もし第4期をやるなら、私が一番観たいものは、やっぱり邪神ちゃんとゆりねのやりとりです。邪教徒のみなさんに喜んでいただくため、これからも全力で演じ続けます！

鈴木 そのとおり！

――最後に、お2人にとって『邪神ちゃん』とは？

大森 『邪神ちゃん』は「実家」みたいな存在でしょうか。

鈴木 帰ってくるとホッとするので、まさに「実家」ですね。そう思えるのはやっぱり、スタッフの方々の愛に溢れた作品だからかなと。こんな愛に満ちた現場に巡り合えて幸せです。

大森 そうだね。あと、ゆりねは邪神ちゃんとダブル主演のようなポジションだと思いますが、私にとって初の主演がゆりねなんです。そういう意味でも本当に特別な作品。老若男女を問わずずっと愛され続けてほしいです。お子さんには教育上よろしくないセリフやシーンもあったりしますけど（笑）。

鈴木 私は邪神ちゃんを演じたことで、ファンの方々が持っている「鈴木愛奈らしいキャラ」というもののイメージが確実に変わったと思います。だから『邪神ちゃん』は私にとって、役者としての幅を広げてくれた作品だと言い切れますね。

大森 つまり私たち2人にとって転機になった作品ということね。『邪神ちゃん』に出会えたことを運命・宿命・使命だと思って、これからも頑張って演じていこうね！

鈴木 うん!!

おおもりにちか
10月15日生まれ。長野県出身。アクロスエンタテインメント所属。『Do It Yourself!! -どぅー・いっと・ゆあせるふ-』（ジョブ子<ジュリエット・クイーン・エリザベス8世>役）、『賢者の弟子を名乗る賢者』（ミラ役）など多数出演

メデューサ役

久保田未夢

声優になる前から『邪神ちゃん』ファンです

——久保田さんは、アニメに出演する前から原作のファンだったとか。

久保田　連載がスタートしたころから読んでいました。そのころはまだ声優のお仕事を始める前。もともとファンだった作品に後々出演することになるなんて、もちろん嬉しかったですし、同時に不思議な縁も感じました。

——演じることになったのは、メデューサでした。

久保田　彼女はやさしくて、悪魔なのに天使のような子ですが、じつはかなりミステリアスです。邪神ちゃんの〝ATM〟になっていつも結構な額のお金を渡しているものの、そのお金をどのように調達しているのかよくわかっていません。ほかにも、お城のような大邸宅に住んでいるけど実家が何をやっているのかとか、魔界から通いを続けているけど人間界に定住する気はないのかなとか、作中で語られていない謎な部分が多いんですよね。尋常ではないやさしさの影に隠れていますが、そういったミステリアスな部分もメデューサの魅力だと思います。

——演じる際に意識していることは？

久保田　どんな場面でも邪神ちゃんへの「好き」という意識がつねにある状態で演じています。でも、なんだか最近の彼女は邪神ちゃんに冷たく接することが多いような……。いつまでも新婚気分だった2人が、ついに熟年夫婦の関係へと移行した感じなのでしょうか（笑）。

——一気に熟年夫婦なんですね。

久保田　第1期のころは邪神ちゃん一直線に愛をぶつけて、か弱くもいじらしい姿を見せていたメデューサですが、最近は怒ることが多くなりましたし、尻に敷いているような描写もあったりして（笑）。もちろん、基本姿勢は「いいよいいよ」と邪神ちゃんに甘いのです

メデューサはATMでも幸せ！

CAST INTERVIEW 2

が、たまにキレて、その〝キレ〟から敬語状態になったり、あるいはメデューサ・ハイになったり……。

――ふだんフレンドリーな人が突然敬語になる瞬間、怖いですよね。

久保田　夫婦でのそういう瞬間は、友人関係以上に怖いのではないかと（笑）。

――ちなみに、メデューサと似ている部分はありますか？

久保田　むしろ真逆かも。メデューサは人に尽くすタイプですけど、私は尽くすタイプではないので。

――尽くすより尽くされたい？

久保田　尽くされた経験もないので、「わからない」と言っておきます（笑）。ただ、これまでの人生でメデューサのように献身的に尽くして、無償の愛を捧げたことがないのは間違いありません。演じつつ、こういう人種、いえ、悪魔種もいるんだな～といつも思っています。多分、邪神ちゃんが無意識のうちに駆使している「アメとムチ」の使い方がうまいから、メデューサも夢中になっちゃうんでしょうね。ムチはかなりエグいのに、稀にもらえるアメに心を持っていかれちゃってる（笑）。よく考えるとこれって、典型的な依存の関係ですよね。周りから「あんなにヒドイ人からは離れたほうがいい」と言われても、「でもたまにやさしいことをしてくれる」とその人を弁護しちゃう。そういえばメデューサのセリフにも「本当はいい子なの！」という内容が何度かありました（笑）。

――久保田さんはメデューサ・ハイのような状態になったりは？

久保田　メデューサ・ハイって極限まで追いつめられたときにハイになって、すべてを投げ打っちゃうような心理状態ですよね。私はまだその境地に達したことはありません。というか、まだそこまで追い詰められた経験がないから、幸せに暮らせているんだと思います（笑）。でも、ときにはハイになることもあります。私は好きなものを前にすると気分が際限なく上がります。例えば、大好きな『ゴールデンカムイ』のことになると饒舌になって早口でぶわ～っと語り出しちゃうんです。

――それこそが「みゆたん（久保田の愛称）・ハイ」なのかも（笑）。では、もしメデューサに転生したら何をしたい？

久保田　人を石にしたいです！（笑）普通に生きていたらそんな能力、絶対に持てないので。ぜひ試してみたいです。

――メデューサ自身はふだんあんなに石にすることを避けているのに？

久保田　あ、気軽に「石にしたい！」って言っちゃった（笑）。でも、確か時間が経ったら元に戻るはずなので、きっと大丈夫。まずは世間に迷惑をかけないように、身内の石化から試してみることにします（笑）。

メデューサ・ハイで新しい扉を開いた!?

――収録時の思い出深い出来事は？

久保田　やっぱり第3期第9話、メデューサ・ハイのエピソードがある台本をはじめて読んだときです。あのときは本当にビビりました（笑）。原作にないエピソードですし、どうやって演じるのが正解なのかまったく想像できなかったので。ただ第3期は原作にないエピソードが多くて、ほかのキャストのみなさんはそんな場面をかなり自由に演じられていた。それで私も開き直って、「自由にやろう！　うまくいかなかったらダメ出しされるだけだし！」という感覚で、思い切り自由に演じさせていただきました。そうしたら一発OK。しかもスタッフの方からは「新しい扉を開きましたね」と言ってもらえました（笑）。

――あのときのメデューサは、いままでにないはっちゃけぶりでした。

久保田　あと、収録現場での思い出といえばレトルトの「邪神ちゃんカレー」が配られたこと！　あのカレーにはおまけシールが入っているんですが、なんと120種類もあったんです。だから「絶対に自分のキャラなんて当たらないじゃん」とみんなで話していたんですよ。そうしたら、私が引き当てたのはなんと邪神ちゃん！　もちろん、あいにゃ（鈴木愛奈）にあげました。その直後、今度はリエール役の花井美春さんがメデューサを引き当てて！　こちらもありがたいことにその場でいただきました（笑）。

――アフレコ現場の和気藹々とした雰囲気を感じられるエピソードですね。さて、『邪神ちゃん』は第4期に向けたプロジェクトがスタートしましたが、久保田さんは第4期で叶えたい夢などありますか？

久保田　邪神ちゃん、メデューサ、ミノスでのアイドルデビューです！　邪神ちゃんとゆりねも、天使チームも、みんなアイドルのように楽曲をリリースしていますよね。でも幼馴染悪魔チームはまだやってないので！

――久保田さんは声優アイドルユニット・i☆Risのメンバーですよね。

久保田　はい。歌とダンスの心得はあるので、いつでも準備OKですよ！（笑）

――ここぞというときのためにとって置いてあるんじゃないですか？

久保田　ホントですか？　秘密兵器？　う～ん、それだったら待ちますけど。

――では最後に、メデューサにアドバイスをするとしたら？

久保田　「邪神ちゃんに尽くすなんて、もうやめたほうがいいよ」と言いたい人がきっと多いんでしょうね。でも私は、長年あの2人が自分たちなりのバランスを築き上げてきた関係なので、もし離れちゃったらいろいろとマズイことが起こるんじゃないかって思うんです。

――確かにメデューサが一時いなくなっただけで、邪神ちゃんは涙と鼻水を垂らしながら号泣していました。

久保田　もちろん邪神ちゃんも精神的ダメージを喰らうことになると思いますが、私はそれ以上にメデューサがヤバイと思います。邪神ちゃんはメデューサ以外にもゆりねをはじめとする深く関わりを持っている相手がいますが、メデューサはほぼ邪神ちゃん一択ですから！　そういえば私、「今回の収録、『邪神ちゃん』というセリフしか言ってない」なんていうことがたまにあるんですよね。いろんなバリエーションの「邪神ちゃん」を言うためにスタジオ入りをしたっていう（笑）。それくらい交友関係一点集中のキャラってなかなかいません。ということで、私がメデューサにかけたい言葉は「誰に何と言われようとも邪神ちゃんから離れちゃダメ。離れて心を病むのはきっとキミのほうだよ！」です（笑）。

くぼたみゆ
1月31日生まれ。埼玉県出身。81プロデュース、エイベックス・ピクチャーズ所属。『ラブライブ！虹ヶ咲学園スクールアイドル同好会』（朝香果林役）などに出演。声優アイドルユニット・i☆Risのメンバーとしても活動中で、2022年11月にベストアルバムをリリース

ミノス役

小見川千明

ミノスになったら爆乳を堪能したい

私とミノスの共通点は労働が好きなところ！

――『邪神ちゃん』の魅力はどんなところにあると思いますか？

小見川　本作は人間、悪魔、天使、あとサイコパスも登場して、ときにはケンカもしますけど基本的には存在を許容し合っていますよね。「何でもあり」「みんなハッピー」という、各々を尊重する多様性がいまの時代の人にマッチしていると思います。そこが『邪神ちゃん』の大きな魅力であり、まさに時代が『邪神ちゃん』に追いついたなと（笑）。そういえば最近の『邪神ちゃん』イベントには10代20代の邪教徒の参加が急増しているそうですが、作品がメジャーになったからではなく、みんなごちゃまぜで仲良くやっている感じが若い層に刺さったのだと思います。

――とくに小見川さんが演じるミノスは、分け隔てがないキャラですね。

小見川　はい。超健康体のミノスが虚弱体質のペルちゃん（ペルセポネ2世）を受け入れて〝ミノペル〟同居が始まってからは、ミノスの分け隔てない感がより強調された気がします。ただ……私個人は、ミノスは冷たいヤツだと思っていまして……。

――どういうことですか!?

小見川　ミノスは誰でも受け入れますが、裏を返せば誰の味方でもないと思います。「いい人だな～」と思って近づくと「あれ？　ずっと距離感が変わらない」という感じ。たぶん、彼女は誰に対しても本当にフラットなんです。そのバランス感覚がミノスの面白さで、だから邪神ちゃん、メデューサといったコミュニケーション能力が普通と異なる子ともうまくやっていけている。女の子が3人集まると嫉妬心やひがみが生まれてうまくいかなくなることが多いですけど、ミノスがつねに1歩引いているので、この3人は長い間良い関係でいられるのだと思います。

――なるほど、納得です。そんなミノ

——ミノスとご自身との共通点は？

小見川　働くことが好きなところですかね〜。ミノスはふだんから牛乳配達や工事現場でせっせと働いていますし、第3期第7話で北海道帯広市を訪れたときも牧場仕事を生き生きとこなしていました。一方の私は、声優として働いているというのに、いまだにアルバイトの求人広告を見ちゃうっていう（笑）。

——まさか本気でバイトをするつもりじゃないですよね!?

小見川　どうでしょう？（笑）　例えばご飯を食べに行ったお店で店員さん同士が仲良さそうに働いている姿を見たりすると、お化粧室に貼り出された求人のチラシを見ながら「時給は○○円か」「シフトの融通が利くからワンチャンここで働いても楽しそうだな」なんて真剣に検討してしまうことは結構よくあります（笑）。

エンドロールに「邪教徒」を入れるべき！

——『邪神ちゃん』はキャストのみなさんの言動をユキヲ先生がキャラに反映させることがあるようですが、小見川さんの要素がミノスに反映されたケースは？

小見川　自分ではよくわかりませんが……。ただミノペル結成以降、なんとなくミノスに「お〜よしよし〜」という“バブ味”が追加された気がします（笑）。それで思い出すのが、ユキヲ先生が私を評してくれた「近所のやさしく頼れるお姉さん」という言葉。私はイベントなどでユキヲ先生をしょっちゅうイジり倒しているんですけど（笑）、それを先生は「僕に気をかけてくれている」「面倒を見てくれている」とポジティブに解釈してくださり、その要素をミノスに反映してくれたのかも……（笑）。私はミノスのことをかっこいい女性だと思っているので、もし彼女に私のエッセンスが少しでも入り込んでいるのなら、こんなに光栄なことはありません。

——確かにミノスはとても頼りになりますからね。

小見川　とくに第3期で最大の事件だった「邪神ちゃん借金事件」を一気に解決した場面（第9話）！　その際に頼った彼女の実家のお仕事事情も気になりますが（笑）、ミノスのあふれる人情味を感じられて、惚れ直しました。

——そんなミノスにもし転生したら、何をしたいですか？

小見川　それはもちろん「おっぱいで何かをバイーンと跳ね返す」ヤツです！　私は自分のことをいわゆる“持たざる者族”だと思っているので、あの豊かな2つの果実の弾力を楽しみたいです。あと、ミノスにピッタリなお洋服も着てみたい。タイトな韓国っぽい服とか、海外セレブみたいなゴージャスなドレスとか……。ナイスバディーなミノスだからこそ着こなせる服の数々でバシッと決めるんです。もちろんクツはハイヒール!!　……すみません、単なる私の趣味を語っちゃいました（笑）。

——（笑）。ところで、小見川さんもミノスのように健康的なんですか？

小見川　ペルちゃんと同じくらい虚弱です（笑）。すぐ疲れちゃって、ミッションは1日1個しかできません。だからミノスの疲れ知らずなところにも憧れます。ペルちゃんを叱咤する際、「引っ込んでいちゃダメだぞ、一緒にやろうよ！」という感じでお芝居上では元気に言っていますけど、私の正直な気持ちは「ペルちゃん、ドンマイ！　無理せず頑張れ！」なんです（笑）。

——小見川さんはペルちゃん側だったと。では、好きなキャラといえば？

小見川　ぴのちゃんのことを養いたいくらい好きです！　ですから、ぴのちゃんの「ゆりねさんがいないと生きていけませんわ」というようなセリフを聞くたびに、「私にしておけばいいのに……」と思ってしまいます（笑）。

——どんなところが好きなんですか？

小見川　どうやら私、手のかかる子が好きみたいで。あぁ、ぴのちゃんを私がいないとダメな子に洗脳した……育てたい（笑）。私のそばに来てくれたら思い切り甘やかし尽くしてあげるのに……。

——それってぴのは幸せなのでしょうか……？

小見川　良い関係ではないでしょうね。その辺の分別は、一応ありますよ（笑）。

——ミノスの相方であるペルちゃんにはどんな思いがありますか？

小見川　虚弱体質ではあるんですけど、幼いながら精神的に自立していますね。あんなにしっかりされると、面倒見がいがなくてちょっとさみしくなってしまうかも（笑）。

——かなりの頼られたがりなんですね（笑）。では邪神ちゃんのことはどのように捉えていますか？

小見川　邪神ちゃんこそ、現代人がなるべき姿だと思います！　邪神ちゃんって良し悪しの基準がはっきりと自分の中にあるじゃないですか。だからSNSのような実態があるんだかないんだかわからないようなところからの批判には「うるせー！」と言える。パチンコで生活費をすっちゃっても平気。周りに流されない我の強さと、本当に悪いことには手を出さない美学のようなものをしっかり持っているんですよね。そこがすごく好きです。全人類が邪神ちゃんみたいになったらいいのに。もちろん、ゆりねというストッパーも全員につけなきゃ社会がおかしなことになっちゃいますけど（笑）。

——邪神ちゃんだらけの世界、ちょっと見てみたいですね。最後に、小見川さんにとって『邪神ちゃん』はどんな存在でしょう？

小見川　アニメが始まって4年以上経ち、きっと第4期の制作も決まり、今後数十年先まで続くであろうと私は確信しているので、もはや私にとってライフワークといっても良い作品です。そして、これからも『邪神ちゃん』は進化していくでしょうから、私も置いていかれないように進化し続けなくちゃ。もちろん、『邪神ちゃん』が第4期を目指すところまで成長できたのは邪教徒のみなさんのおかげ。クラウドファンディングをするとなったら協力してくれて、イベントとなったら盛り上げてくれる。本当にありがたい存在です。エンドロールに「邪教徒」の名前がないのはおかしいのではないかと思いますね。これからも大いに布教していただいて、引き続き良きATMでいてほしいなと思います（笑）。私たちも邪教徒のみなさんの期待に応えるよう「愛し・てるよ・みんな＝ATM」と心でつぶやきつつ、頑張り続けます!!

おみがわちあき

11月11日生まれ。神奈川県出身。クロコダイル所属。『ソウルイーター』（マカ＝アルバーン役）、『ちおちゃんの通学路』（野々村真奈菜役）、『文豪ストレイドッグス』（谷崎ナオミ役）など多数出演。『モンブラン〜黄昏のROUTE69〜』（アユミ役）など舞台女優としても活動中

ぺこら役

小坂井祐莉絵

ぺこらをひと言で表すなら「かわいそ可愛い」!?

――『邪神ちゃん』の魅力はどんなところにあると思いますか？

小坂井　ひと言で言い表すなら……〝バイオレンスハートフルアニメ〟だと思います。相反する魅力が、奇跡的に1つになっている感じですね。主人公の邪神ちゃんがクズっぷりを発揮することで暴力的な展開になることがかなり多いですが、同時にホッとしたり頬が緩む場面もたくさん。観ていると泣けて笑えて、ときに頭にきて……という感じで感情が揺さぶられているうちに、勉強や仕事、人間関係の疲れが吹っ飛んじゃう。『邪神ちゃん』はそんな魅力を持っている作品です。

ぺこらこそ真の天使 愛しい我が娘です！

――ぺこらはどんなキャラだと捉えていますか？

小坂井　少々ひいき目になりますが、登場人物の中で一番の〝天使〟です！　敬愛するマザー・テレサのように、メリットやデメリットと関係なく人のために動くことができる。つねに慈悲の心を素直に表現しているんです。純粋ゆえにイジられたり空回りしたりすることもありますが、彼女にはとにかく幸せになってほしい。いつも彼女を演じつつ、我が娘のように見守っています。目の中に入れても痛くありません（笑）。

――観ていて不憫に思うことが多いですよね。

小坂井　ご馳走を前にしているのに、ギリギリで邪神ちゃんに横取りされてしまうなんてことはしょっちゅうですから。第2期第12話では、北海道千歳市の旅館で邪神ちゃんたちがみんなでおいしいものを食べたり温泉に入ったりしているのに、ぺこらは1人だけクマに連れ去られたままだったり（笑）。

とはいえ、第3期の最終話ではみんなで一緒にトウモロコシや焼きそばを食べていたので、収録時の私も心から幸せを感じていました。

――役作りで苦労したことは？

小坂井　ぺこらってつねにお腹を空かせているイメージがあるじゃないですか。ですから第1期の初めのころの収録に、私もお腹を空かせた状態で臨んでいたんです。ただ、収録中にお腹がめちゃくちゃ鳴ってしまって、仕方な

CAST INTERVIEW 4

くブースの外に出るという事件が起きてしまって（笑）。それ以降、ちゃんと食べるものを食べて、気持ちだけお腹を空かせる「エア空腹」状態で収録に臨むようになりました。

——ぺこらの言動で、どんな部分に共感できますか？

小坂井　まずは食べることが好きで、ご飯のことをよく考えていること（笑）。そして、2つの選択肢で迷ったときはどちらが「善いこと」でどちらが「悪いこと」なのかで判断をする傾向にあることですね。善悪というシンプルな価値判断。ですから街頭で見かけたら、必ず募金をすることにしています。あ、あと、子どもが好きという部分もぺこらに近いかもしれません。

——小坂井さんの正体も、天使だったりするのでは？

小坂井　じつは私も、天使の輪っかを壊しちゃったクチかもしれませんね（笑）。

——（笑）。続いて、ぺこらを一番不憫に感じたシーンを挙げるなら？

小坂井　やっぱり第3期第5話の邪神ちゃんの借金騒動で、ぺこらも北の国に拉致されたシーンです（笑）。まったく関係ないのに、当然のごとく邪神ちゃんのそばに転がっていましたから。やっぱり不幸を引き寄せる体質なんだと改めて感じさせられました。同時にもちろん「守ってあげなきゃ」と強く思いました（笑）。でも、そんな不幸な目に遭う場面でもぺこらは本当に可愛い。「かわいそ可愛い」という言葉は、彼女のためにあると言っても過言ではありません。

——うんうんと頷く邪教徒の姿が目に浮かびます。ちなみに小坂井さん自身の不幸話は？

小坂井　私は「ギルドロップス」という声優アイドルユニットに所属しているんですけど、ダンスが苦手なせいか、グループ内では結構イジられるタイプなんです。誰かが立ち位置を間違えたときには、真っ先に私を原因にされたり（笑）。確かに一番間違えるのは私だし、仕方がないかな～なんて思っていたんですが、つい先日衝撃の事実が判明したんです！　なんとグループ内でダンスを間違えることを、「ユリエる」と言っているんですって！

——それはちょっと辛いかも。

小坂井　ですよね！　でも、それもみんなに愛されている証拠かなと思って、いまは納得しています（笑）。

——まるでぺこらのような……（笑）。そんな小坂井さんがもしぺこらとして生まれ変わったとしたら、何をしたいですか？

小坂井　また食べ物の話になりますが、お菓子作りが得意なぴのの手作りスイーツを食べてみたいです！

——パンの耳を食べたりは？

小坂井　全然できますよ。というか、私はもともとパンの耳が好きで、小学生のころは耳ばっかり食べていました。ぺこらは「白い部分を食べたい」と思いながら食べていましたけど、私は耳を食べたいと思いながら白いところを食べていたっていう。そういえば子どものころ、近所のパン屋さんでサンドイッチを2つ買うと大きい袋に入ったパンの耳をもらえたんですが、よくお兄ちゃんと耳をもらって、レンジでチンして食べていましたね（笑）。

——リアルぺこら!?　ではダンボールハウスで生活するのは大丈夫ですか？

小坂井　全然平気かも。私、無人島生活も経験したいタイプなので（笑）。でも、さすがにずっとはイヤですね。例えば3日限定とかだったらよろこんで住んじゃいます。

『邪神ちゃん』とぺこらは私のスタートラインです

——好きなキャラは誰ですか？

小坂井　氷族の悪魔・遊佐さんです。何といってもビジュアルがタイプ！　さらに「ザ・お姉さん」といった落ち着いた雰囲気もたまりません。私はこれまでお姉さんキャラを演じる機会がほとんどなかったので、いつかは遊佐さんのような素敵なお姉さんを演じられるようになりたいです。

——いつもぺこらをイジっている邪神ちゃんのことはどう思いますか？

小坂井　確かにぺこらにしてみたら、しょっちゅうヒドイ目に遭わされますけど、何となく憎めないんですよね。完全な悪人ではなく小悪党という感じ（笑）。そういえば私、最初は邪神ちゃん役でオーディションを受けたんです。緑色が好きなんですが、邪神ちゃんも緑だよねという単純な理由で（笑）。その結果はもちろん不合格。おかげでぺこらという愛しいキャラに出会えたわけですが、いま改めて思うと邪神ちゃんは愛奈ちゃんにしか演じられませんね。クズで悪いところもあるんだけど許せちゃうあの主人公は、愛奈ちゃんの声と演技でしか表現できません。愛奈ちゃんの声のおかげで、私は邪神ちゃんのことをどんどん好きになっています。

——では、ぺこらとほかの天使たちとの関係をどう思っていますか？

小坂井　私はぴのの態度にすねています！　ぽぽろんは何だかんだ言いながらも「ぺこら様～」と近づいてきてくれるじゃないですか。でもぴのは、何かあるとすぐにゆりねのところに行っちゃう！　私（ぺこら）は上司なのに！（笑）　もっと頼ってほしいです。……そういえばいま気づいたんですが、登場キャラはみんなペアになる子がいますよね。邪神ちゃんはもちろんゆりねで、ときにメデューサだったり。ぽぽろんもペルちゃんと仲が良い。でも、ぺこらにはそんなふうに関係性を築いた子がいない気がする……。もしかして体育の授業でペアを組むときに1人だけ余っちゃうタイプ？　またしても不憫な気持ちになってしまいました（笑）。

——不憫トークも尽きませんが……最後に、小坂井さんにとって『邪神ちゃん』とはどんな存在ですか？

小坂井　初めてメインキャラを演じさせてもらえたのがこの作品。つまり『邪神ちゃん』は私にとってスタートラインのような存在です。この先、おばあちゃんになってもずっとぺこらのことは覚えていると思います。『邪神ちゃん』とぺこらに出会っていなければ私のいまは確実になかった。私の人生の大事なパーツの1つです！

——その言葉、ぺこらが聞いたらよろこぶでしょうね。

小坂井　そうだと嬉しいな……。ぺこら、聞こえていますか！　私はあなたのことが大好きで、心から大事に思っていますよ!!

こざかいゆりえ
7月6日生まれ。愛知県出身。クロコダイル所属。『恋と呼ぶには気持ち悪い』（有馬一花役）、『ホリミヤ』（吉川由紀役）など多数出演。声優アイドルユニット・ギルドロップスのメンバーや、女子プロレス団体・スターダムのリングアナウンサーとしても活動中

ペルセポネ2世（ペルちゃん）役

飯田里穂

ぽぽろんの友達であり「最前ヲタ」です！

――ペルちゃんの初登場は第1期第2話。でも第1期での姿が見える場面はいつも一瞬で、本編で邪神ちゃんたちと絡めたのは、ほぼ第2期からでした。

飯田　第1期のころは、チラッと出てきては人間界の空気が合わなくて吐血しちゃうっていうことの繰り返しでした（笑）。それが第2期では急に人間界に馴染んでいたんです。不思議に思って「どうして急に馴染んだんですか？」とスタッフの方に聞いたところ、「もう慣れたことになりました」という軽すぎる答えが返ってきて。まあそれも『邪神ちゃん』らしいのかな～、と妙に納得してしまいました（笑）。

――ペルちゃんのことをどんな子だと捉えていますか？

飯田　色が白くて小さくて、おっとりとした可愛らしいしゃべり方をするんですけど、邪神ちゃんに対してはなぜかかなり辛口で当たりが強いっていう。しかも、「毒舌吐きます」感はまったくないのに、笑顔だけど目だけは笑っていなくて、邪神ちゃんにだけ刺さる言葉を全力でぶつける。そんな女の子です（笑）。外見と言動にギャップがあるので、演じていてとても楽しいです。

――第2期第3話からはミノスと同居して行動を共にするようになりました。

飯田　ミノスのアグレッシブな性格についていくようになったことで、虚弱体質のペルちゃんもかなり強くなったと思います。工事現場などの肉体労働も一緒にやっているし、第3期第7話ではイヤイヤながら北海道帯広市の牧場でミノスと一緒に働けていますから。そして、ペルちゃんはミノスのことをどんどん好きになっていて、いまでは〝本当のお姉ちゃん〟のように思っている。ミノスお姉ちゃんが発した言葉を繰り返している様子なんて、妹そのものです。そういえば、ペルちゃんが健やかになったおかげで、吐血をする演技をまった

ペルちゃんの毒舌はTVでも重宝しそう

CAST INTERVIEW 5

くしなくなりました（笑）。

――吐血の演技は大変だった？

飯田　そうなんです。いつも自分で「ケホッ」と咳込んでいたんですけど、結構ノドを酷使するんですよね。あと、ペルちゃんを演じるうえで大変だったのは、邪神ちゃんに対して「イキリ悪魔だね」なんて切れ味鋭いひと言を発するとき。おっとりした可愛らしい雰囲気は残しつつ、でもトゲがある感じを出さなくてはならない。その絶妙なニュアンスをさらっと表現するのが難しくて、家で結構練習してから収録に臨んでいました。

――そのかいあってか、「笑顔で毒舌」はペルちゃんの筆頭個性になっています。そしてペルちゃんといえば、天使のぽぽろんとの関係も興味深いです。

飯田　あの2人の関係は面白いですよね。第2期のころに距離がグッと縮まって、良いお友達だなと思っていたんです。ただ第3期になったら、ペルちゃんはアイドル活動をしているぽぽろんちゃんを一方的かつ熱烈に応援していて、もはや最前ヲタ状態（笑）。友達でありアイドルとファンでもあるという、ひと言では言い表せない関係なんです。もちろん、ペルちゃんの「好き」という気持ちがぽぽろんちゃんを圧倒していることは間違いありません。第3期第7話でのキャンプの際に「楽しもうね」と声をかけるペルちゃんに対し、ぽぽろんちゃんが「え、ええ……」と戸惑った表情で返している様子は、好意の一方通行感がしれっと描かれていて、思わず苦笑いしちゃいました（笑）。

――飯田さんはペルちゃんと似ている部分はありますか？

飯田　まず、私は完全なる健康体（笑）。身体的にはまったく似ていません。あと、誰かに対して毒舌になることもないかな……。あ、とはいっても、仲が良くて自分と似ている部分がある子のことは、いつも幸せでいてほしいと思っているんです。そういう子たちの悩みを聞いたりアドバイスをしたりすることがあるんですけど、本気になりすぎてちょっと強めの言葉を口にしてしまうことが過去に何度かありました。

――相手がグサッとなるようなことも言ってしまうと。

飯田　はい……。そういうところはペルちゃん的かな。あと、どちらかというとツッコミタイプなのも似ているかも。例えば『邪神ちゃん』の収録は大体ミノス役の小見川千明さんと一緒に臨むのですが、小見川さんが語る面白いお話に結構ツッコんでいるんです（笑）。それにしても、思ったことを即座に的確に言語化できるペルちゃんの言語センスには憧れます。ペルちゃんがバラエティー番組に出演しようものなら、絶対に人気者になるでしょう！（笑）

夕陽の場面の収録 一生忘れません

――収録現場での印象深い出来事を教えてください。

飯田　その質問が来たら絶対に言おうとしていたことがあるんです！　それは第3期第10話で夕日が見える丘に登場キャラがみんな集まって、最後に童謡「夕焼小焼」の替え歌を歌うシーンでのこと。コロナの影響で少人数で収録していたこともあり、私と小見川さんがトップバッターでそのシーンの収録に臨んだんです。いざ「夕焼小焼」を歌おうとしたら、なぜか私の口から出てきたメロディーは同じく童謡の「赤とんぼ」！　しかも、何度やっても「赤とんぼ」のメロディーを口ずさんでしまうんです!!　そのたびに「ごめん！　次はちゃんと歌います！」と小見川さんに謝ってから歌い始めるんですけど、どうしても「夕焼小焼」にならない。もしかしたら私は「赤とんぼの呪い」にかかってしまい、一生「夕焼小焼」を歌えない体にされてしまったんじゃないかと恐怖しました（笑）。これは私のアフレコ人生の中で一番衝撃的で忘れられない出来事になったんですが……ずっと言いたかったのでここで話せて良かった（笑）。

――そのときの音声、何かの特典でつけてほしいです（笑）。続いて、ペルちゃんに生まれ変わったら何をしたい？

飯田　ミノスにハグしてもらいたいです！　ペルちゃんのサイズ感でミノスのダイナマイトボディーに包まれたらすごく幸せだろうなって。ペルちゃんは最近ミノスと一緒に牛乳を飲んでいて骨も丈夫になっただろうから、ハグされても「骨がバキバキになる」なんていうことはないはずです（笑）。

――ペルちゃんになったら、ぜひぽぽろんとも仲良くしてほしいです。

飯田　そうですよね！　ぽぽろんちゃんに会えたら……一緒にライブに出ちゃうなんてどうでしょう？　2人でユニットを結成するなんて、第4期のアイデアとしても素敵だと思います。

――ほかに第4期でやりたいことはありますか？

飯田　ユニット結成となったら、次はやっぱりライブでしょう！　『邪神ちゃん』のイベントは数多く開かれてきましたが、音楽ライブはまだやっていないじゃないですか。「邪神ちゃんライブ」を開催したら、きっと邪教徒のみなさんもよろこんでくれるでしょうし、出演者の私たちも間違いなく楽しめます！　あと、第3期では北海道や九州とコラボしましたが、いっそのこと全国制覇をしてほしい（笑）。47都道府県すべてとコラボするんです。もちろんそれを達成するのは第4期だけでは無理ですから、第5期、第6期と少しずつ制覇していく。なんだか第4期に関する展望ではなく、壮大な話になってしまいましたね。ちなみに取っかかりとなる第4期でのコラボは沖縄なんていかがでしょう？　当然水着回になるでしょうから、邪教徒のみなさんもテンションがあがること間違いなし！　この先行き不安定な世の中において、ここまでシリーズを続けられているのは邪教徒のみなさんのおかげですから、いろいろな形で恩返しをしないといけませんね！

――いいですね～。ところで、虚弱体質が改善されつつあるペルちゃんですけど、第4期ではさらに健康になっているんでしょうか？

飯田　ボディービルまで始めちゃって、私の想定である「沖縄編」では、肌が真っ黒でマッチョなボディーになっているペルちゃんが登場したり!?（笑）　でも「色黒腹筋バキバキペルちゃん」はちょっと見たいかも。『邪神ちゃん』は何でもありの作品ですから、そんな“まさか”の展開も絶対にないとは言い切れませんよ。

いいだりほ
10月26日生まれ。埼玉県出身。放映新社所属。NHK『天才てれびくん』にて2002年より4年間てれび戦士としてレギュラーを務める。声優としては『ラブライブ！』（星空 凛役）、『オッドタクシー』（白川美保役）、『アイドルランドプリパラ』（香田澄あまり役）などに出演

橘 芽依役

原奈津子

芽依のヤバさは激化し続けています

芽依が警官になれたのは親のコネがあったから!?

——原さんが思う『邪神ちゃん』の魅力を教えてください。

原 まず、肩の力を抜いて楽しめるところです。しかも、ストーリーはほぼ1話完結なのでいつでも気軽に観ることができる。そのライトさがいまの時代に合っていると思います。ちなみに、私自身は『邪神ちゃん』を観ていると元気をもらえて、悩んでいるのがバカバカしくなります（笑）。

——橘芽依をどんなキャラだと捉えていますか？

原 芽依ちゃんは、本当に自分に素直な子です。ウソが一切ない。大人になると誰でも「こんなことをしたら〝おかしな人〟と思われるかも」という不安がよぎって、言動を制限されることが多くなります。でも、芽依ちゃんは自分の好きなものを前にすると迷わず目をキラキラさせてそれにまっしぐら。そういうところは本当にすごいと思いますね。もちろん、「好き」に対する度を超えた熱量にはちょっと問題はありますが（笑）。

——演じ始めたころと現在とで芽依への印象に変化はありますか？

原 第1期の初登場時から、ひと目惚れした大蛇丸（こと邪神ちゃん）を自分のものにするために職権を乱用して逮捕しちゃうなどかなりヤバイ子ではあったんです。それが第2期では、氷ちゃんまで誘拐しちゃうなど、そのヤバさがエスカレートしています。バス停の看板や墓石などなど、彼女が可愛いと思って盗んできたものすべてに名前をつけて飾っているところや、「バレなきゃなにしてもいーんだもんネ☆」という迷言をつぶやいている姿は、まさにサイコパス（笑）。第3期では、九州の南島原で借金取りから逃げている大蛇丸を助けるために、なんとその借金取りに向けて発砲までしているんですよ！　しかも威嚇射撃ではなく、本当に当てようとしている（笑）。大蛇丸に頼られて嬉しくなっちゃったとはいえ、さすがにやりすぎだなと思いました。

――そこまでヤバくて、よく警察の試験に受かりましたよね。

原　芽依ちゃんの親は警察のかなり偉い人で、そのコネで警察に入れたんじゃないでしょうか（笑）。もちろん、これは単なる私の想像ですけど。

――演じる際に意識していることは？

原　芽依ちゃんのサイコパス的な一面だと思いますが、彼女は短時間に気持ちをコロコロと変化させるんです。さっきまでニコニコしていたと思ったら急に真顔になって怖いセリフを吐くなんてことはしょっちゅう。決められた時間のなかで心情をだんだんと変化させるのではなく、何種類も急激に変えるという演技は大変でした。最近はスイッチをパッパッと切り替える〝芽依リズム〟のようなものを体得したので、彼女のコロコロ変わる心情を演じるのは楽になりました。むしろ芽依ちゃんとしてなら、永遠にアドリブできるようになりました（笑）。ちなみに、作中のメインの場面の裏で聞こえてくる芽依ちゃんの「大蛇丸、好き好き、スリスリ」といったようなハイテンションセリフは、大体アドリブです。

――ご自身と芽依との共通点は？

原　芽依ちゃんのコレクションを見ると「なんでこんなものにときめくの？」と思う人は結構いると思うんですが、周りの人にそんなふうに思われるフシが私にもある気がします。例えば……私は半年ほど山で暮らしていた時期があるんですけど、そこで虫を食べることに興味が出てきて、いろいろな虫を食べてみました。オオスズメバチの幼虫の素揚げは、チーズっぽい味で日本酒に合うんですよ（笑）。

――原さんも結構ヤバイ!?（笑）　まさか芽依のような収集癖も？

原　それが、私はおウチに物がメチャクチャ少ないタイプなんです。必要最低限の物しか置きたくないので、何かをコレクションするということは一切なくて。ただ……ネコを飼うようになってからは少し事情が変わってきたかな？　ウチのネコが喜びそうなものは何でも買うようになっちゃいましたから。オモチャに始まって、ツメ研ぎ、さらにはキャットタワーまで。自分の物はほぼ持っていませんが、ネコ用のコレクションにはかなりお金を使っています。

――では、もし芽依になったとしたらどんなことをしてみたいですか？

原　芽依ちゃんは取調室を私物化していて自分が可愛いと思った子を連れ込んでいたりしますけど、本来の取り調べをして警官らしいところを見せたいですね。カツ丼を出して「お母さんが悲しむよ」と言いながら、容疑者を追いつめてみたいです。

私と芽依の共通点はサイコパスなところ!?

――全シリーズのなかでとくに印象深いエピソードを教えてください。

原　第3期第8話の南島原のエピソードで「原奈津子嬢（城）」が出てきたシーンです（笑）。芽依ちゃんは借金取りに追われた大蛇丸と共に原奈津子嬢（城）で籠城するんですが、まさか自分が演じたキャラが自分の名前を呼ぶ日が来るなんて思ってもみませんでした。台本をいただいたときはあまりに驚いて、セリフを3度見しましたから（笑）。これまで芽依ちゃんとしてぶっ飛んだセリフをたくさん言い放ってきましたが、「原奈津子嬢（城）」はダントツで恥ずかしいセリフです。

――では、芽依を演じていて彼女に影響を受けたことはありますか？

原　邪神ちゃんを「大蛇丸」と呼んでいるのは完全に芽依ちゃんの影響です。あと、ミノス役の小見川千明ちゃんたちからたまに、サイコパスだと言われることも（笑）。芽依ちゃんのサイコパスっぽさは短時間に心情がコロコロ変わるところによく出ていると思いますが、私は反対に気持ちの上下がほとんどないんです。状況に左右されずいつもテンションが一定なところが、サイコパスっぽいんですって（笑）。あともう1つ、じつは芽依ちゃんからは演技の面で結構影響を受けています。彼女を演じる前は無意識にお芝居をセーブしているところがあったんですが、芽依ちゃん以後はそのリミッターが外れた感覚があります。思い切ってそのキャラの気持ちを表現できるようになった。そういう意味で芽依ちゃんは、私の殻を破ってくれた存在です。

――続いて、芽依以外のキャラで一番気になるのは誰ですか？

原　邪神ちゃん！　と言いたいところなんですけど……、一番好きなのはぽぽろんです。彼女のツンデレ具合が可愛いんですよね～。口ではきつめなことを言うけど本当はやさしくて、相手のことを思って行動しているところが素敵です。チャリティー路上ライブをやったエピソード（第2期第9話）はすごく感動的でした。しかも彼女は、人間界に留まらざるを得ないとなったら、そこで何をすべきかリアルに考えて行動する。そんなふうに現実と正面から向き合えるところも魅力的です。

――では、原さんにとって『邪神ちゃん』という作品はどんな存在ですか？

私の声優人生における宝物です。ここまでファンの方々と一緒に作っていると感じられる作品はほかにありませんし、出演者一同『邪神ちゃん』に成長させてもらっているという感謝を本当に持っていますから。『サザエさん』のように永遠に続いてもらって、邪教徒のみなさんとの絆をこれからもずっと大切にしていきたいです。

――最後に第4期に期待することは？

原　『邪神ちゃん』はこれまでいろんなものとコラボしてきましたが、その輪をさらに広げてほしいですね。例えば……芽依ちゃん絡みで、思い切って警察とコラボするとか。ちなみに、私は警視庁のマスコットキャラ・ピーポくんの声を担当しているので、ピーポくんと芽依ちゃんのやりとりを1人でできちゃいます（笑）。こんなコラボ、普通だったら絶対に考えられませんが……『邪神ちゃん』だったら「もしかしたら？」なんて思えてしまう。そんな〝何でもあり〟なところも、『邪神ちゃん』の魅力ですよね。

はらなつこ
7月6日生まれ。愛知県出身。クロコダイル所属。『理系が恋に落ちたので証明してみた。』（奏 言葉役）、『盾の勇者の成り上がり』（リーシア役）、『メイドインアビス』（メイニャ役）、『雨色ココア sideG』（ココア役）など多数出演

エキュート役
朝ノ瑠璃

エキュートと私はクソザコメンタル

狭き門をくぐり抜けオーディションに合格！

——もともと『邪神ちゃん』のファンだったという朝ノさん。1661人の応募者がいたオーディションを勝ち抜き、見事エキュート役に選ばれました。そもそも応募したきっかけは？

朝ノ　当時、VTuberの活動が4年目に突入したころだったんですが、チャンネル登録者数が思ったよりも伸びず、自分の強みも見出せなくて、ちょっと悩んでいたんです。長時間の歌配信をしたり、「国士無双であがるまで終わりません！」などと早朝から麻雀耐久配信をしたりと、何でもチャレンジした時期でもありました。そんなとき大好きな『邪神ちゃん』のオーディションがあるという情報が飛び込んできて。募集要項に「天使も悪魔も人間もＯＫ」と書かれていたので、「だったらVTuberもいけんじゃね!?」と思い応募したんです。すると、あれよあれよという間にオーディションを勝ち進んでしまい、朝ノ衆（朝ノさんを支えるファン）の熱烈な応援もあって、なんと合格！　まぁ、審査の際に「VTuberを4年もやっているのでいろいろなコネクションがあります！　行動力もあるので別分野のお仕事も獲ってきますよ！」なんて営業トークをかましたのが『邪神ちゃん』スタッフに響いたのかもしれません（笑）。とにかく、合格できたのは嬉しかったんですが実感はいまいちなくて。「私、受かったんだ」と思えたのは、アフレコ現場に通い始めた数ヶ月後でした。

——だいぶ時間がかかりましたね。とはいえ、ついにエキュートの初収録に臨んだと。

朝ノ　収録に臨む前、音響監督の今泉（雄一）さんがアトレ役の長谷川玲

CAST INTERVIEW 7

奈ちゃんと橘芽依役の原奈津子さんを交えた練習の機会を設けてくれたんです。そこでさまざまな演技のアドバイスをいただいて、がっつり役作りをして、現場に入りました。また、初めて現場に入ったのはエキュート初登場話の収録日ではありませんでした。第3期の収録が始まってすぐのころから、ブースの隅でほかの方々の演技を見学させていただいていたんです。メインキャストのみなさんにも直接ご挨拶できたのですが、全員、とても温かく迎え入れてくれました。そこで初めて『邪神ちゃん』ファミリーの一員になれたんだと思えて、オーディション合格の実感もやっと追いついてきました。

——初収録は長谷川さんと一緒に?

朝ノ　玲奈ちゃんと邪神ちゃん役の鈴木愛奈ちゃんと私の3人でブースに入りました。じつは私、愛奈ちゃんのことを「全日本アニソングランプリ」に出場されたころ(2013年)から知っていたんです。当時愛奈ちゃんはまだデビュー前の高校生。そのころから現在までずーっと応援し続けているんですよね〜。だからお会いできたことが本当に嬉しくて。……はっ、そんなオタク話はさて置き(笑)、とにかく愛奈ちゃんは座長らしい頼もしさと気さくさが同居していて、ガチガチに緊張していた私に「何でも聞いてくださいね」とやさしく声をかけてくれたんです。さらに玲奈ちゃんも「頑張ろうね」と勇気づけてくれた。この2人が引っ張ってくれたから、なんとか初収録を乗り切ることができました。

——大切な思い出ですね。実際に演じてみて、エキュートをどんな子だと捉えていますか?

朝ノ　私なりに端的に表現すると「クソザコイキりメスガキ」ですね(笑)。全キャラの中で最弱のザコなのにかなりの頻度でイキってますから。それにしても、『邪神ちゃん』のキャラって「クソ」をつけて説明したくなる子が多い気がします。芽依=クソサイコパスとか(笑)。断っておきますが、これはもちろん褒め言葉ですよ!　……こんな乱暴な言い方をして大丈夫かな? まあ最悪怒られるのは私だけなので、良いことにしましょう!(笑)

『邪神ちゃん』は人生を変えてくれた大恩人

——エキュートとの共通点を感じることはありますか?

朝ノ　エキュートは一心同体のように感じているので、あまり客観的に見ることができないんですけど……。彼女はイヌを怖がっているけど私はイヌもネコも大好きですし、さらに血を飲むこともないですし、もしかしてあまり似ていない?　いや、彼女はかなりワガママですけど、私も自分が表現したいことに関してはかなり我を通すところがあるので、その点は似ているかもしれません。

——朝ノさんにエキュートのようなザコっぽさはまったくないですね。

朝ノ　それが、メンタル面はかなりザコ感があるんです。心はまるで絹豆腐のように柔らかくて崩れやすい(笑)。だから、メンタルが簡単に崩れちゃうザコっぽさも共通点でしょうね。

——エキュート以外のお気に入りのキャラは誰ですか?

朝ノ　いっぱいいるんですけど……。あまり強いて挙げるなら氷ちゃんです。そして2番目は芽依。クレイジーなところが最高です!　あのサイコ感は濃いキャラ揃いの『邪神ちゃん』の中でも異質だと思います。そういえば、第2期第3話で氷ちゃんが芽依に誘拐されるエピソードがありましたが、じつはあの回を観ているときに「氷ちゃんはあんなに可愛いんだから、そりゃあさらいたくもなるよね」と芽依のほうに感情移入していました(笑)。

——エキュートの教育係・アトレのことはどう思っていますか?

朝ノ　アトレはエキュートにヒザ蹴りや腹パンを容赦なく決めますけど、それはエキュートを思ってのこと。心からエキュートを愛しているからだと信じています!　話は少しずれますが、収録中に隣から玲奈ちゃんのドスの利いた声が聞こえてくるのは、ちょっと快感でした。あれ……、さっきの芽依への感情移入と玲奈ちゃんの声に身もだえしているのを合わせると、私も結構ヤバイやつですよね(笑)。

——『邪神ちゃん』に染まっていますね。では、もしエキュートになったら何をしたいですか?

朝ノ　血を飲んでみたいです(笑)。私自身は血をおいしいとは思いませんが、エキュートの体で飲んだらどんなふうに味わえるのかを経験してみたいです。そういえば、ラジオバラエティー『エキュートの今宵もわらわナイト』で私がVTuberのエキュートになったとき、「O型の血が一番おいしい」なんてことを勝手に言ってしまっているんです。原作のユキヲ先生はキャストのみなさんの発言をキャラに取り入れることが多いそうなのですが、「エキュートはO型が一番好き」という設定も逆輸入してくれないかな(笑)。

——その設定が第4期に出てくると良いですね。ほかに第4期の展開に期待していることはありますか?

朝ノ　もちろん「エキュートの出番増加」です!　第3期は残念なことに、2話分しか登場していませんから。出番がもっと増えて、エキュートの生き生きとした姿をみなさんにもっとお見せしたい。それに伴って、私自身の声優としての成長も披露できたら幸せです。

——最後に、朝ノさんにとって『邪神ちゃん』はどんな存在ですか?

朝ノ　私の人生を変えてくれた大恩人です。ヤバイ、言っていて泣きそう……。VTuberになったことは私の人生の1つめのターニングポイントだったんですが、2つめは間違いなく『邪神ちゃん』。中途半端な状態だった私をすくい上げてくれましたから。VTuberでありながら声優事務所に所属して声優活動を展開していくという、まだ誰も通っていない道を切り開く機会を『邪神ちゃん』は与えてくれた。もしかしたら今後、VTuberをやりながら声優をめざす子が後に続くかもしれませんよね。私の存在がそんな子の指針になるかもと思うと、背筋がシャンとします。今後も誠実に声優業に邁進し、さらに『邪神ちゃん』第4期を盛り上げていきたい。いまはそんな気持ちでいっぱいです!

あさのるり
2018年5月にデビューした忍者系VTuber声優。8月4日生まれ。石川県出身。声優としてはクロコダイル所属。YouTube『【公式】邪神ちゃんねる』では、ラジオバラエティー『エキュートの今宵もわらわナイト』(隔週火曜日20時ころから)好評配信中

花園ゆりね、"愛"の軌跡

お仕置きよ邪神ちゃん

超クレイジーなお仕置きシーンを、監督&メインキャストのイチオシも交えて一挙紹介!!

『邪神ちゃん』のアイデンティティーであり、スタッフ&キャストの腕の見せどころであり、(一部)邪教徒の活力剤。それらすべてを担っているのが、ゆりねのお仕置きシーンだ。コンプライアンスという名の壁に風穴をブチ空けるべく試されるバイオレンス&スプラッタの数々は、すべての邪教徒に「ゆりね容赦ねぇ。学習しない邪神ちゃん超ヤベェ」と、我が身の日々の行いを顧みる機会をくれたことだろう。そう、『邪神ちゃん』は教育番組でもあるのだ! だから殴られて、斬られて、吊るされて、引き千切られても無問題。邪神ちゃんの尊い犠牲に大きな感謝を贈ろう!!

「堪忍や、ゆりね! 堪忍や~!!」

「ぐえあああああ!!」

★佐藤光監督イチオシ★

ゆりねに"バール"で背骨を叩き折られたシーン(第1期第1話)。さらにサービスショットという名目で、チェーンソーでミンチにされる邪神ちゃん。改めて考えると、初っぱなからかなりぶっ飛ばしていました(笑)。

「ヒィ! ヒィィィ!!」

「く、組み立てには、せ、接着剤が必要となっております……かは!」

★山田卓監督イチオシ★

邪神ちゃんがまるで「パンダ人間」のプラモのように、前後で真っ二つに(第2期第7話)。血まみれの邪神ちゃんは畳に直置きされているので、掃除するのが大変そうです。まさに「邪神ちゃんが斬られると畳屋が儲かる」です(笑)。

「これぞまさに血税アニメ……」

★邪神ちゃん役 鈴木愛奈イチオシ

頭を貫通した「必殺ピロピロ」（第３期第３話）。ピロピロ笛があんな威力を出せるなんて知らなかった（笑）。あとアイアンメイデンも印象的（第１期第９話）！　ホラー映画好きのゆりねは、ガチの拷問器具も大好きなのでしょう。

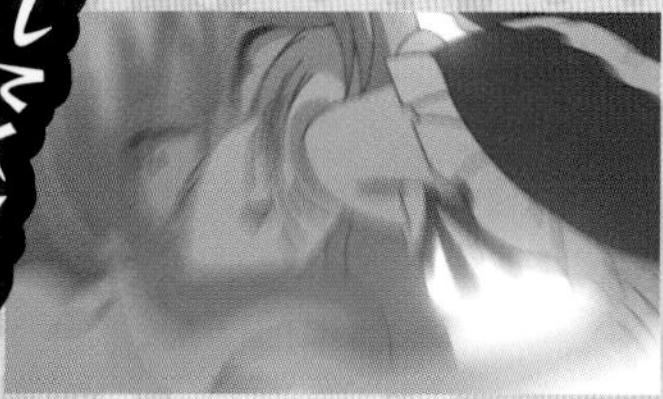

「許してくれゆりね！なんでもするー!!」

★花園ゆりね役 大森日雅イチオシ

手刀で左右の鎖骨を折った「ゆりねチョップ」（第３期第４話）。両肩が外れ、赤黒くなった邪神ちゃんの腕が忘れられません。しかも、そんな惨状の邪神ちゃんを横目に、夕飯の時間を心配するところが、ゆりねらしい（笑）。

「お前の手刀には鉄骨でも入っているのか!?」

「ごめんなさい！マジ、ごめんなさい!!」

悪魔Aのちょい足し その2

邪神ちゃんテン閉会式

邪神ちゃん役 **鈴木愛奈** × 花園ゆりね役 **大森日雅**

大盛況だった「邪神ちゃんテン」の会場

白熱クイズで「顔覚えたからな！」

8月9日から10月2日まで丸井錦糸町店で開催された原作の連載10周年&アニメ第3期放送記念イベント「邪神ちゃんテン」。その閉会式が9月30日に開催された。当日会場に行けなかった邪教徒のために、ちょっとだけレポートするぞ。会場には約200人の邪教徒が集結。鈴木愛奈さん（邪神ちゃん役）と大森日雅さん（花園ゆりね役）のトークやクイズコーナーに狂喜乱舞した。

アフレコやそれぞれが演じるキャラへの思いなどを冒頭で語ったあと、最初のコーナーは第3期の場面カットを見ながらの思い出話コーナー。キャラクターデザインの画風がそれぞれ異なる第1話に、鈴木さんは「これ1話に持ってくるんだ！」と、驚嘆。大森さんは、「（画風が変化しつつも）ゆりねが意外とノリノリだった」と楽しそうに語った。ほかにも、邪神ちゃんがおしおきされて血だらけになるシーンや、新キャラ・ジャスティスも登場した脳内会議シーンなどでも盛り上がった。大森さんは「自分も考えるときに脳内会議するんですよね～」と、邪神ちゃんに共感したかと思いきや、そのときにおしおきで使ったピロピロ笛もお気に入りとのこと。また、第3期中盤エピソードの地方編プレイバックでは、鈴木さんは「イベントでも行かせてもらった釧路って、以前民謡の大会で行って以来2回目なんですよね～」と、懐かしんだ。

「邪神ちゃんテン」にまつわるクイズコーナーは、丸井錦糸町店で人気のタピオカミルクティーをかけて熾烈な解答合戦が繰り広げられた。「邪神ちゃんテンの来場者数」「邪神ちゃんテンの一人あたりの最多来場数」「邪神ちゃんテンで来場者が書いてくれたメッセージカードの枚数」「丸井錦糸町店店長の好きなキャラ」などの難問に、会場の邪教徒とともに立ち向かった。しかし、会場の邪教徒の意見に従って答えを出したのに間違えたときは、「顔覚えたからな！」と鈴木さんは憤慨（？）。大森さんがそれを見て大爆笑していた。最後はなんとか、規定の正答数をクリアーして名物タピオカミルクティーをゲットした。

閉会式の終盤、丸井錦糸町店からの表彰状授与も行われた。イベントを通して、お店を盛り上げたということで、邪神ちゃんドロップキック製作委員会に代わって、鈴木さんと大森さんが感謝状を受け取り、会場からは万雷の拍手が巻き起こった。

その後、11月の北九州ポップカルチャーフェスティバルや、12月24～29日にサッポロファクトリーで「邪神ちゃんテン」が開催されることなどの新情報が発表され、大声援の内に幕を閉じた。

閉会式の様子

邪神ちゃんの微睡みを阻むもの、それは…？
原作コミックの出張版をお届けですの♥

てれてー
ててれ
てーててー
それれ
!?
!?
がばっ
あんた好《す》きでしょホルストの惑星《わくせい》
好《す》きだけども…
ドキドキ
耳《みみ》がぶっ壊《こわ》れっかと思《おも》いましたの
寝《ね》てる場合《ばあい》じゃないのよ
？

なんと
私《わたし》たちのムック本《ぼん》が出《で》ることになったのよ
なんだってーーー!?
ムックってあの赤《あか》いイエティ的《てき》なやつのことだよな？
コラボか!?
わくわく
違《ちが》うわよ
あんたムック本《ぼん》も知《し》らないの？
本当《ほんとう》に何万年《なんまんねん》も生《い》きてるの？
……

じゃあ なんなんだよその ムック本《ぼん》ってのは
ムックってなにか 説明《せつめい》してくれよ
……
なーんだ ゆりねも 説明《せつめい》出来《でき》ないんですの
ムッ
なんか なんか 本《ほん》よ
とにかく 私《わたし》たちを 特集《とくしゅう》した本《ほん》が 出《で》るのよ
えっ
特集《とくしゅう》してくれるんですの!?
おしゃれした方《ほう》がいいかな!?
どっちがいいカナ!?
作画《さくが》がめんどうになるからやめて

それで今日《きょう》は 読者《どくしゃ》の喜《よろこ》びそうな ムック用《よう》の企画《きかく》を考《かんが》えて 編集部《へんしゅうぶ》に持《も》っていこうと 思《おも》うんだけど
私《わたし》は 邪神《じゃしん》ちゃん解剖図鑑《かいぼうずかん》 なんかいいと 思《おも》うのよね
ああ
!!!
必殺技《ひっさつわざ》 全《すべ》てを破壊《はかい》する ドロップキック!!
私《わたし》の能力《のうりょく》を あますことなく 解説《かいせつ》する ページみたいなやつか
たしかに それは みんな 知《し》りたい やつだわなー
違《ちが》うわよ
へ

あんた
そのものを
解剖《かいぼう》した図鑑《ずかん》よ
杉田玄白《すぎたげんぱく》の
解体新書的《かいたいしんしょてき》な
ふ、
釘
オールカラー
グラビアで
やったら
どうかしら
しかもQRコードも
ついてて読み込むと
解剖する過程が
動画で見られるの
そんな
グロ画像《がぞう》見て
喜《よろこ》ぶやつなんか
いねーだろ!!
オールカラー
グラビアなら
もっと読者《どくしゃ》の
喜《よろこ》びそうなものに
したらどうですの?

ゆりねの水着《みずぎ》とか
ガッ
ぎく
ぐぐぐ
ぐぐ…
私《わたし》そういうの嫌《きら》いなの知《し》ってるでしょ…!!
私《わたし》の解剖図《かいぼうず》は軽《かる》く扱《あつか》うのに…

また原作コミック（既刊①～⑳巻）でお会いしましょう!

4

第2期
フィルムストーリー ですの!

#01

脚本／筆安一幸　絵コンテ／佐藤 光　演出／矢野孝典　作画監督／代見裕美、藤田まり子、益田賢治（料理）

「天上天下唯我独尊……」

またしてもドロップキックをゆりねに決められず、返り討ちに遭った邪神ちゃん。脳内では、重要な会議が開かれていた。円卓に座るのはコマンダー、ファイター、ジーニアスなど、彼女の人格を構成する分身たち。現状を打開する策は生まれるのか!?　一方、ぺこらとぽぽろんの前に、かつて同僚だった天使・ぴのが出現。反逆者として彼女に命を狙われたぺこらは、天使としての誇りを捨て、邪神ちゃんたちに救いを求めるが……。

邪神ちゃんの脳内は宇宙である！

邪神ちゃんを演じる鈴木愛奈の本領が発揮されたエピソード。ジェットコースターのように感情の起伏が激しい邪神ちゃんを見事に表現しきった。１人９役を演じた脳内会議でも、その芸達者ぶりは存分に発揮されている！

#02

脚本／筆安一幸　絵コンテ／山田浩之　演出／小野田雄亮　作画監督／河西睦月、益田賢治（料理）

「地獄へ落としてさしあげますわ」

邪神ちゃんはSNS上での中傷に苦しんでいた。そこで、彼女は一粒なめれば目的の人間がどこにいるのかわかる「千里眼ドロップス」を魔界から取り寄せることに。そして自分をバカにした人々に復讐するため、世界中を渡り歩くのだった。そんな邪神ちゃん不在のなか、ぴのの襲撃により絶体絶命のぺこらを救ったのはぽぽろんだった。戦いに負け、天使の輪を失ったぴのは、ゆりねが暮らすアパートの管理人をすることに。

ぺこらに続け！新たな不憫天使

天使の輪を失ったぴのは強気な態度から一変、メソメソ泣くなど精神が不安定に。第１期ではぺこらが辛酸をなめさせられていたが、第２期からはぴのも苦労人仲間に入ったといえる……かも？

#03

脚本／筆安一幸　絵コンテ／永居慎平、佐藤 光　演出／佐々木達也　作画監督／Hong Yu-Mi、Lee Young Mi、張 紹偉、益田賢治（料理）

人間界で暮らすため、ミノスの部屋へ引っ越してきたペルセポネ2世。彼女から「お姉さん」呼ばわりされたことで邪神ちゃんも照れ笑い。そんなある日、人間界に滞在中の遊佐が目を離した隙に妹の氷ちゃん（浩二）がいなくなってしまった。じつは橘芽依に誘拐されていたのだが、無事に姉の元へ帰れるのか!?　また別の日、不摂生が祟ったのか虫歯に苦しむ邪神ちゃん。ゆりねは邪神ちゃんを歯医者へ連れていくが……。

「バレなきゃなにしても いーんだもんネ☆」

ペルセポネ２世は 甘え上手な妹ポジ

人懐っこい性格のペルちゃんは、宿敵である天使すらついつい心を許しそうになるくらいの人たらし。自分以外にはとことん厳しい邪神ちゃんも出会ってすぐに心をつかまれており、その小悪魔力は計り知れない。

#04

脚本／村上桃子　絵コンテ・演出／山田 卓　作画監督／北原章雄、佐藤義久、勝谷 遥、平田かほる、益田賢治（料理）

「将来の夢」についての作文でペルちゃんは悩んでいた。幼いころの夢について聞かれたゆりねは、独裁者と答える。いずれゆりねが魔界を征服するかもしれないと恐れた邪神ちゃんは、彼女を始末しようとするが……。再び福引で旅行券が当たり、海へやってきた邪神ちゃん。砂浜で遊んでいると、謎の棺桶が流れ着く。棺桶から現れたのはキョンシーの少女キョンキョン。彼女は人間になるため東京へ行くと言い出す。

「邪神ちゃんたちと一緒にいると 変わっちゃうのよ」

水着回再び＆ キョンキョン初登場

第１期第12話以来の海水浴。天使のぽぽろん＆ぴのも同行して一層にぎやか＆華やかに。しかも、脱いだらスゴかったぴののグラマーなスタイルを楽しめるうえに、キョンキョンも登場。盛りだくさんなエピソードだった。

#05

脚本／筆安一幸　絵コンテ／山田浩之　演出／小野田雄亮　作画監督／河西睦月、益田賢治（料理）

「食べ物を粗末にするヤツは バカだ！」

賞品のトートバッグがほしくてパンに付いてくるキャンペーンシールを集める邪神ちゃん。その様子を見て呆れるゆりねだが、じつは自らも雑誌に付いてくるバッグやポーチを集める趣味があった。そんなやりとりのなか、邪神ちゃんは、ふと幼いころメデューサにポーチをプレゼントしたことを思い出した。そしてメデューサの誕生日、「良いことがありますように」と朝から期待する彼女のもとに、邪神ちゃんからの電話が鳴る。

通い妻《メデューサ》の朝は早い

邪神ちゃんからSOSが届けば魔界からすっ飛んで行き、彼女がゆりねにお仕置きされそうになると必死に庇うメデューサ。その行動が報われることはほとんどないが、邪神ちゃんへの愛と真心は、決して揺るがないのだ。

#06

脚本／村上桃子　絵コンテ／山田浩之　演出／山田 卓　作画監督／石橋友紀恵、宇佐美翔平、柳瀬譲二、益田賢治（料理）

「お前たち お姉ちゃんをバカにしたな！」

人間界でアイドル活動に励むぽぽろん。ライブの後、楽屋を訪れたペルちゃんと一緒にカレー屋へ向かうことに。一方、東京での生活を楽しむキョンキョンは、子どもに絡む不良からパンダの姿をした姉のランランをバカにされ怒り心頭!!　ボッコボコにしてしまう。またあるとき、ゆりねはハンバーグの作り方をメデューサに教えていた。邪神ちゃんにおいしく食べてもらおうと、気持ちを込めて肉をこねるのだが……!?

ベートの恋物語

ゆりねがペットとして飼っている魔獣のベートは、いつものん気に食っちゃ寝している。しかし、アイキャッチやバンクを注目してみると、異性の魔獣と良い雰囲気になったり振られたり、じつはリア充な生活を送っている!?

#07

脚本／村上桃子　絵コンテ／愛敬亮太、中山奈緒美　演出／矢野孝典　作画監督／藤田まり子、山口 菜、益田賢治（料理）

手作りのアップルパイを持参してゆりね宅を訪れたぴの。じつはお菓子作りに自信があるのだが、邪神ちゃんが作ったチーズケーキを食べた彼女は、あまりの美味しさにびっくり。ライバル心を抱くのだった。またあるとき、好奇心からフリマアプリで燃えるゴミを出品した邪神ちゃん。予想に反してゴミは高値で落札され、味を占めた彼女はミノスやペルちゃんを駆り出して、町中のゴミを集め始めることに……。

「私の作品に相応しい名を付けましょう。
金色の衣を纏いし紅顔の美少年……♥」

まさかの商品化！パンダ人間プラモ

第７話に登場したパンダ人間プラモデルがまさかの商品化。作中同様に、パーツは全身の前面と背面の２つのみ。邪神ちゃんの「組み立てるというよろこびをどこかに置いてきてしまったようなプラモですの」というセリフが印象的。

#08

脚本／村上桃子　絵コンテ・演出／角地拓大　作画監督／北原章雄、岡野力也、島袋智和、山田雄一郎、平田かほる、益田賢治（料理）

メデューサたちが魔界へ里帰りするなか、人間界に残された邪神ちゃんはミノスと初めて出会ったときのことを思い出した。最初友達がいなかった彼女に救いの手を差し延べ、仲良く遊んでいたころのことを。そして、さみしさを紛らわすためパチンコを打ったり、カレーを食べたり、ドロップキックを連発するが、気は晴れない。そんな様子を見ていたゆりねは、悪魔のコスプレをすることで元気づけようとするのだが!?

「自撮り地鶏～、はい。
名古屋コーチン」

ほっこり子ども時代とペルセポネ１世

邪神ちゃん、メデューサ、ミノスが子どものころから仲良しなことがわかり心ほっこり。また、魔界小学校の先生としてペルちゃんの母・ペルセポネ１世も登場。元気すぎる邪神ちゃんたちに、手を焼いていたようだ。

#09

脚本／筆安一幸　絵コンテ／山田浩之　演出／峯 友則　作画監督／袴田裕二、田中小百合、服部一郎、武内啓、Jeon Jong Min、Han Hyeon Ji

「服は良いなぁ。恥から身を守ってくれる」

パチンコで大負けした邪神ちゃん。なけなしの1万円は無残にもいちごミルクアメ3個に変わってしまった。そこへ通りかかったキョンシー姉妹にアメ玉を与えると、ランランの呪いが解けて人間に戻ってしまった！　またある日、メデューサがエデンのリンゴを持って遊びにきた。邪神ちゃんがこれを食べると、創世記のアダムとイブのように裸であることを恥ずかしがり、服を着たいと言い出して……。

姉のランラン呪いが解ける!?

ランランがキョンシーの姿に戻れたのは、2分にも満たなかった。しかし、その容姿は妹そっくりの美人！　パンダも可愛いが、やっぱりキョンシー姿が良い!!　アメ玉さえあれば、自由自在に変化できることがわかった。

#10

脚本／筆安一幸　絵コンテ／佐藤 光　演出／矢野孝典　作画監督／古賀 誠、代見裕美、菊池聡延、岡野力也、藤田まり子、山口 菜、平田かほる、謝 宛倩

「もういつでも魔界に帰れるとわかるとすべてが愛おしいなぁ」

邪神ちゃんは魔界へ帰還する呪文が書かれた魔導書（下巻）をゆりねの部屋で発見。人間界で最後の思い出を作るため、神保町をフラフラ。ところが帰宅すると、帰還の呪文を完成させるには、魔導書（外典）が必要だという衝撃の事実を告げられる。そんなこともありつつ、冬のある日。ゆりねのアパートで魔界式雪合戦が開催されることに。参加者は次々と戦闘不能になっていき、邪神ちゃんとゆりねの一騎打ちが始まる。

魔界のパンダはよく喋る!?

第10話は、ランランがパンダになった真相が明らかに！　ちなみに、キーパーソン（？）である魔界パンダ役を担当している声優は、小西克幸。本作はゲストキャラ声優も超豪華で、一切の妥協なし。

Bパートは全部「神保町哀歌」

ギリギリのパロディーやグロ描写など、ぶっとんだシーンの多い本作。その筆頭ともいえるのが、このBパートだ。名場面とともに9分以上にわたって「神保町哀歌」をフルコーラスで邪神ちゃんが熱唱。こんなアニメ他にある!?

#11

脚本/筆安一幸　絵コンテ・演出/佐藤 光　作画/代見裕美、藤田まり子、岡野力也

「これは、罪深き少女の血に彩られた物語……」

大切なペットだった魔界バンビのあずさ2号。その死を思い出し、号泣する邪神ちゃん。しかしTVシリーズの放送ではあずさ2号が未登場であることに彼女は気付いていなかった……。そこで、このアニメがどんな作品なのかわかりやすく説明しろとゆりねは邪神ちゃんに命じることに。紆余曲折ありながらAパートで説明を完遂。だがまだBパートが丸々残っていることに気付くと、邪神ちゃんは当然のように持ち歌を歌い始めた。

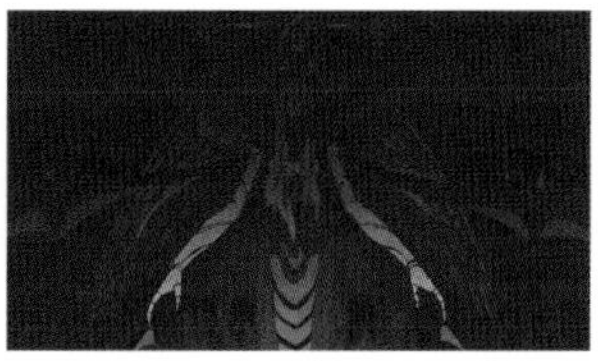

#12

脚本/村上桃子　絵コンテ/佐藤 光　演出/山田 卓、佐藤 光　作画監督/岡野力也、佐藤義久、菊池聡延、藤田まり子、北原章雄、杉山直輝、島袋智和

初リエール&初の温泉回!

これまで天使が話題にしていた「主」がいきなり登場！　その姿は、まさかの幼女で2度ビックリ。さらに、メインヒロイン一同が温泉に!!　作品史上最高の裸祭りに、制作を支援した邪教徒も大満足したことだろう。

「こんな絶景前にして細かいこと気にしていたらもったいない!」

ゆりねの提案で邪神ちゃんたちは北海道千歳市の温泉旅館へ向かった。また天界の神・リエールや天使たちも千歳市のパワースポットを目指していた。邪神ちゃんたちはスイーツやパンなど地元のグルメを満喫。そして支笏湖を訪れるのだが、うっかり転んだ邪神ちゃんは鹿に宿泊券を食べられてしまった。困った彼女の前に現れたのはリエール一行。彼女たちも同じ旅館に泊まることを知った邪神ちゃんは宿泊券を賭けた勝負を挑む！

悪魔Aのちょい足し その3

丸井錦糸町店で開催された狂気の宴
マルイのみなさん

約2ヶ月にわたって開催された「邪神ちゃんテン」。原画の展示やグッズの販売が行われ、邪教徒が連日押し寄せた。その運営をしていた丸井錦糸町店関係者にイベントの手応えについて話を聞いた。

こんな作品ほかには見たことないです

原作10周年イベント「邪神ちゃんテン」が丸井錦糸町店で10月2日まで開催。盛り上がったな〜。

樋口　邪教徒のみなさんが全国から来店してくれました。地蔵コーナーは、日に日にお供え物が増えていって、『邪神ちゃんドロップキック』の人気を体感できました。

高浜　閉会式も予想以上の来場で、8階の大きな会場をおさえておいて良かったです。

ヤマダ（仮）　閉会式当日を含め、ラスト3日間は錦糸町店全館で終日『邪神ちゃん』の楽曲をBGMとして流していて、お客様にも盛り上がってもらいました。

『邪神ちゃん』を知らない人もいるのでは？ というか、むしろ多いのでは？

樋口　テナントのお店から「これなんですか？」と問い合わせがきたりもしました。でも、私自身がこの作品にハマってしまったのでやっちゃいました（笑）。

ヤマダ（仮）　閉会式のときは、邪神ちゃんのTシャツも着てたしね。

高浜　マルイの店長って、お客さんの前に出ない人がけっこう多いんですよね。でも錦糸町店は、店長自ら邪神ちゃんの描かれたTシャツを着て、お客様に接する。ちょっと珍しいかもしれません。

『邪神ちゃん』のどんなところに魅力を感じているのだ？

高浜　キャラが可愛いとか、物語が面白いというのは当然ですが、製作委員会が良い意味でお堅くなく、柔軟性があるんですよね。気軽に相談できるし、柔軟に変更できる。もちろん突然「これやりましょう！」と提案されることもある。こんな作品ほかには見たことないです。

ヤマダ（仮）　他の作品だと、何かを決めるまでに時間がかかって、一度決まったことを変更するのも時間がかかる場合が多いですよね。

樋口　邪教徒のみなさんがこの作品を大好きで、イベントのたびに何度もご来店いただきました。製作委員会、キャストのみなさんがファンのために企画をしていることが他の作品にない魅力です。私は、邪神ちゃんのゆりねを亡き者にしようとしているくせにゆりねのことが大好きというツンデレがたまりませんね（笑）。

そもそも『邪神ちゃん』と丸井のコラボはどんな経緯で始まった？

高浜　お地蔵さま役の中尾隆聖さんの集まりが最初ですね。そこで、イベント関係の人が集まっていて、「邪神ちゃん10周年」という話を聞いて、そこから動き出しました。

「邪神ちゃんテン」でのこだわりは？

高浜　みなさんご存知ないかもしれませんが、マルイってファッションも取り扱っているんです。来場された方はわかると思いますが、原画やさまざまなイラストのほかに、衣装の展示もありました。その衣装を展示する際に、魅力的に見えるよう丁寧にアイロンをかけたり、中に綿をつめて立体的にしたりしたんです。そのあたりもちょっとでいいので気にしていただけると嬉しいです。

今後については？

高浜　11月に北九州で「邪神ちゃんテン」が開催されましたが、12月24日〜29日に北海道のサッポロファクトリーでも開催されます。そこでも丸井錦糸町店同様の楽しいイベントを開催します。『邪神ちゃん』を応援してくれている邪教徒のみなさん、ぜひお越しくださいませ。

丸井錦糸町店店長
樋口 幸
東京都出身／マルイの好きなところはお客様参画のイベントを大切にしていること／『邪神ちゃん』で好きなエピソードは第3期第10話／好きなキャラは邪神ちゃんとゆりね

丸井グループ
アニメ事業部副部長
高浜 実
大阪府出身／マルイの好きなところは新しいタイトルに全力で取り組んでいること／『邪神ちゃん』で好きなエピソードは第1期第1話。とくに邪神ちゃんがぶつ切りされてしまうシーン／好きなキャラは邪神ちゃん

丸井錦糸町店
ヤマダ（仮名）
長野県出身／マルイの好きなところは好きな仕事を好きな仲間と取り組み、お客様と出会えること／『邪神ちゃん』で好きなエピソードは第3期第3話／好きなキャラはぴの

Q

スタッフインタビュー ですの!

製作総指揮

夏目公一朗

『邪神ちゃん』を支えるスタッフと邪教徒の「熱狂」

――『邪神ちゃんドロップキック』のどんなところに魅力を感じますか？

夏目　最初に原作コミックを読んだとき、ユキヲ先生が描くキャラの可愛さが心に刺さりました。ストーリーに重厚なテーマがあるわけではありませんが、シュールでポップで、ハラハラしたり心温まるエピソードがあったりと、いろいろな方向性で楽しませてくれる作品です。物語のジャンルとしては「日常系」ではあるけれど、ちょっと違います。一般的な「日常系」は、応援したくなる主人公に感情移入しながら、キャラたちのやりとりを温かく見守っていく作品が多い。でも、邪神ちゃんは正直、「頑張れ！」と応援したいキャラではない（笑）。そういう点で普通の「日常系」とは一線を画した作品であり、アニメ化しても多くの人に受け入れられる可能性は低いかもしれない……。そんな思いもありましたが、私自身『邪神ちゃん』をとても気に入ってしまったので、製作総指揮という立場でアニメ化を推し進めていきました。

――『邪神ちゃん』は多くのファンに受け入れられ、第3期までシリーズを重ねるほど根強い人気を誇る作品となりました。

夏目　佐藤（光）監督をはじめとする制作スタッフの熱意とこだわりが、『邪神ちゃん』のアニメをここまで引き上げてくれました。それは「狂気」と言ってもいいほどの愛情だと感じています。また制作スタッフだけではなく、さまざまなアイデアや挑戦で邪教徒を驚かせ、楽しませ続けてくれている宣伝プロデューサー・柳瀬（一樹）さんの強い情熱も感じられました。ただ、そうであるがゆえの勇み足もありました。いまだから言えますが、柳瀬さんが「第1期のブルーレイとDVDが2000枚売れたら第2期を制作する」と、勝手に宣言してしまったことがあります。あれには驚かされました。

――といいますと？

夏目　その発表をした時点ではまだ第1期の収支が黒字化する目処が立っていなかったんです。しかも、（当時）2000枚なんて数字では第2期にゴーサインは出せない。それなのに発表をしちゃったものだから、僕は「言っちゃったよ！　後に退けないぞ……」と、滲む脂汗を感じていました。でも、第1期だけで終わるなんて誰も思っていなかったんじゃないかな。原作の面白さをアニメでさらに広げられたという手ごたえはありましたし、制作スタッフの「熱狂」も醒めていなかった。売り上げがどうとか、このままでは大赤字だとか、そういう損得勘定を飛び越えていく「熱さ」を、作品に関わっている人たちみんなが持っていた。だから、こうなった以上は僕も行けるところまで行こうと覚悟を決めたんです。

――邪教徒のみなさんも、熱意をもって作品を支えてくれていますね。

夏目　そうなんです。「ザ・ファイナル〜すごいサバト2019」というイベントに登壇させてもらったとき、邪教徒の熱い作品愛を直接感じることができる機会がありました。たまたま喫煙スペースで休憩していたら、邪教徒の1人に「もしかして夏目さんですか？」と声をかけられて、お話したり一緒に肩を組んで写真を撮ったりしたんです。すると後に続く邪教徒の列がどんどんできていった。びっくりしましたが、とても嬉しかったです。

――製作総指揮とファンがそんなに近い距離感で交流するなんて聞いたことがありません。

夏目　あれは僕にとっても楽しい思い出になりましたし、『邪神ちゃん』を象

NATSUME'S VOICE

「神保町哀歌」全6章を放送 ファンの情熱に触れて感動！

第2期第11話で、邪神ちゃんが「神保町哀歌」を全6章歌い上げたシーンは、とても印象深いです。「神保町哀歌」は第1期第11話に一度流していますが、その後「クラウドファンディングで3000万円集まったら全6章をCD化する」というプロジェクトが立ち上がりました。邪教徒のみなさんのお力で実現してここまでこぎつけたんだなと思って、ジーンときてしまいました。

徴する出来事の1つだと思います。邪教徒のみなさんからも「自分たちが『邪神ちゃん』を盛り上げていくんだ」という気概が伝わってきましたし、その熱は作り手にも伝わるものです。そうした情熱の伝播が作品の盛り上がりにつながっていくんですよね。

作品に命を吹き込んだ鈴木愛奈の演技

——ちなみに夏目さんのお気に入りキャラは誰でしょうか？

夏目　外見でいうと、ゆりねが好きなんです。眼帯を付けていてものすごい美少女じゃないですか。ゴスロリ衣装もよく似合っていますし、たまに着る別の衣装もとてもキュートで。邪神ちゃんも上半身は可愛いんですけど、下半身がヘビなので、ちょっと……。あ、下半身も人間の姿になったら大好きです（笑）。

——下半身がヘビか人間かが重要なところなんですね。

夏目　いざ恋人になったらと考えると人間がいいですね（笑）。とはいえ、改めてアニメを振り返ると、『邪神ちゃん』という作品は邪神ちゃん役の鈴木（愛奈）さんに命を吹き込まれた、という気がしています。第1期のアフレコ現場を見学したとき、鈴木さんは全身を使って表現していました。場合によっては靴を脱いで裸足で演じていらっしゃったのを見たんです。それで鈴木さんのエッジの利いた演技の幅と深さはこうして生まれるんだなと。そして、多くのファンの心をとらえる声優さんの仕事ぶりとはこういうものなんだなと、とても感動しました。

——『邪神ちゃん』は、いい意味で狂気を帯びた人に支えられていますが、最もクレイジーな思い出は？

夏目　「視聴者が傷つくようなネタでなければOK」というスタンスにしたことかな。『邪神ちゃん』はパロディーネタの宝庫で、ギリギリの線まで攻めています。作り手にとっては、自分が面白いと思うもの、素晴らしいと思うものを自由に作ることが一番大切。第三者が横から余計な口を出して表現の自由を奪ってはいけないと思うんです。だから、制作スタッフがやりたいということにブレーキはかけませんでした。

——さまざまな作品のオマージュが随所に散りばめられていますね。

夏目　自由な表現のために僕が身体を張れるのならいくらでも張るし、始末書を書く程度で済むならいくらでも書く。そのために「製作総指揮」としての僕がいるんです。作品づくりにおいて、可能な限り表現の自由を維持していく。そういう強い矜持をもって臨んでいることが、『邪神ちゃん』の魅力である「エッジの効いたネタの数々」につながっているのだと思います。

——『邪神ちゃん』は夏目さんにとってどんな作品でしょうか？

夏目　以前、僕はアニプレックスで数多の作品のマネジメントに携わりました。その会社組織を離れてフリーランスの立場になってから初めて出会ったのが『邪神ちゃん』です。だからプロジェクトを成功させたいという気持ちはもちろんありましたが、それ以上に「深く愛され、長く続く作品にしたい」という思いも強かった。柳瀬さんや原作の担当編集である石川（翼）さんなど熱意あふれる方々とのお仕事はとても刺激的ですし、第3期が終わった今もずっとお祭り騒ぎが続いているような気がしています。クラウドファンディングによる第3期の制作も成功しましたし、知恵と努力によって市場を開拓してアニメを作ることができるんだという発見もありました。僕にとって取り分け思い入れの強い作品になったと、胸を張って言えます。

——今後の野望はありますか？

夏目　気持ちとしては、第4期や劇場映画などもどんどん作りたい。でも、簡単に実現できるものではない。どうすればいいか知恵を出し合い、これからも「『邪神ちゃん』フォーエバー」を胸に、頑張っていきます。

「言っちゃったよ！　後に退けないぞ」と滲む脂汗を感じていました

なつめこういちろう
映画『心が叫びたがってるんだ。』『あの日見た花の名前を僕達はまだ知らない。』『〈物語〉シリーズ』『魔法少女まどか☆マドカ』『キルラキル』『ソードアート・オンライン』『黒執事』などのヒット作を手がけてきたプロデューサー

第1期・第3期監督&第2期総監督

佐藤 光

さとうひかる
アニメーション監督。近年は『くノ一ツバキの胸の内』『恋と呼ぶには気持ち悪い』（絵コンテ）、『A3! SEASON AUTUMN & WINTER』（OP絵コンテ・演出）、『食戟のソーマ』シリーズ（助監督・演出）、『神之塔 Tower of God』（演出）などにも参加

邪神ちゃんとゆりねの出会いは運命で決まっていたんです

常軌を逸したエグさから逃げずに前のめりで描く

——お2人は『邪神ちゃん』のどんなところに魅力を感じていますか。

佐藤 まずは、原作者であるユキヲ先生が描くキャラたちの可愛さです。なので、アニメではユキヲ先生の絵のテイストを可能な限り再現するよう、心掛けて作っていました。

山田 それに加えて、キャラたちをいじりやすいところが、作り手としては面白かったです。

佐藤 ユキヲ先生が制作サイドを信頼してくださっていて、ハチャメチャないじり方をしても原作サイドからNGが出ないんです。物語の全体的な流れに関わる部分は原作通りにやりましたが、ギャグの面では自由にやらせていただきました。

——第1期の制作にあたって、佐藤監督がめざした方向性とは？

佐藤 原作は悪だくみをした邪神ちゃんが、ゆりねからキツいお仕置きを受けるのが定番のギャグです。でも、それをそのまま映像にするとインパクトが強すぎて、視聴者が引いてしまうという懸念がありました。そこで方向性を見定めるために参考にしたのが、『8時だョ!全員集合』や『ダウンタウンのごっつええ感じ』といった昔のバラエティー番組です。80年代から90年代は、いまでは放送できないようなシュールなギャグや、スラップスティックなギャグをやっていたので、あのノリで『邪神ちゃん』で描かれているエグさをうまく隠しながら表現しようと思ったんです。

山田 いや、全然隠れていないと思うんですけど（笑）。

佐藤 「お仕置き」の描写をマイルドにしてしまったら、『邪神ちゃん』のアイデンティティーが失われてしまう。それに、邪神ちゃんとゆりねの「仲良くケンカしている関係性」が成り立っていれば、「お仕置き」も残酷なものには見えないはず。そう思って第1期第1話を作ったんですが、改めて思い返すとやりすぎだった気もします。

——第1期の第1話で、邪神ちゃんが足元から包丁で刻まれているシーンは、かなり猟奇的でした。

佐藤 作っているときは、されるがままになっている邪神ちゃんが可愛いなって思っていたんですが……。冷静に考えると常軌を逸してますね（笑）。

山田 同じ話数で、邪神ちゃんが何度もスタンガンを喰らっていたシーンもちょっと怖かったです……。

——（笑）。では、第2期ではどんなことを念頭に置いて制作に臨んだのでしょうか。

佐藤 第1期はお仕置きギャグが中心でテンポが速く、尺がなかなか埋まらなくて苦労したんです。また、エグい描写が多すぎな気がしたので、第2期ではセリフの分量を増やして、キャラ同士の掛け合いによるコントを中心に描くことを心掛けました。

——第2期から他作品のパロディーネタが増えましたが、ネタはどういうところから拾っているのでしょうか？

佐藤 じつは、子どものころにあまりバラエティー番組を観せてもらえなかったせいで、僕の「ギャグの引き出し」の中身が乏しかったんです。それで『邪神ちゃん』を作るために、先ほど挙げたような昔のバラエティー番組を改めて観返して、使えそうなネタを探しました。

SATO'S VOICE

邪神ちゃんの手がヒトデになって逃げるシーンが気に入っています

第2期の第5話で、邪神ちゃんがゆりねにチェーンソーで手を切られるエピソードがとくに気に入っています。切られて落ちた手がヒトデになって、ピョンピョンはねて逃げるのを邪神ちゃんが追いかけて、血が噴き出している邪神ちゃんの手首はウニになっている。あれはグロ描写をマイルドに描くための思い付きだったんですが、改めて観たら我ながら意味不明で面白いなと思いました。

STAFF INTERVIEW 2

第3期監督 山田 卓

ユキヲ先生に「逃がさねぇぞ」とエールを送られました

やまだたく
アニメーション監督。『邪神ちゃん』は第1期・第2期に絵コンテや演出としても参加している。近年は『恋と呼ぶには気持ち悪い』（助監督）、『カードファイト!! ヴァンガード will+Dress』『彼女、お借りします』（演出）などにも参加

山田　ネット上には『邪神ちゃん』のパロディーを解説してくれている人がいるので、こちらとしてもありがたいです。パロディーではないシーンも「これのネタ元は……」と議論している光景は端から見ていて面白いですが、そういうファン同士の交流が盛んなのも大きな特徴なんでしょうね。

――第3期はリエールやエキュート、アトレなど新キャラが登場しました。意図的に増やしたのでしょうか？

佐藤　新キャラは原作に沿って登場させています。ただアニメの新シリーズ制作が決まると、タイミングよく原作に新キャラが登場するんです。そのため、リエールたちはユキヲ先生がアニメのテコ入れのために増やしてくださったのかと思ったほどです。

――確かに、タイミングが良すぎる気がします。

山田　第3期はせっかく新キャラが増えたので、リエールやエキュートを中心としたエピソードを複数まとめて構成する、という形式が増えましたね。

いつの間にか近づいた邪神ちゃんとゆりねの心

――お2人の印象に残っている邪神ちゃんとゆりねのやりとりは？

佐藤　第1期の第11話で、体調を崩したゆりねを邪神ちゃんが看病するエピソードがありますが、それをきっかけに2人が仲良くなりすぎたらマズいな、と危機感を覚えました。それで、その後にイタズラばかりする邪神ちゃんにゆりねがお仕置きすることで、なんとかバランスを保ったんです。

山田　あの2人は仲良くなりすぎてもいけないんです。でも、同じ第11話で、パン屋でくだらないイタズラをする邪神ちゃんに、ゆりねがハリセンでツッコミを入れるのを見て、ちょっと感動しました。段取りなしにボケとツッコミを繰り広げる姿に、2人の関係が深まっているのが垣間見えたんです。

佐藤　邪神ちゃんとゆりねはどういう形であっても、絶対に出会う運命だったと思います。そして、邪神ちゃんが悪さをして、ゆりねがお仕置きするという関係になるのも必然なんです。

山田　さらに言えば、『邪神ちゃん』がアニメ化されたのも、佐藤さんが監督になったのも、すべては決まっていた。それは創造主であるユキヲ先生がいらっしゃるからこそ生まれた運命なんです。

――なにやら壮大な話になってきましたが（笑）。お2人にとって『邪神ちゃん』とはどんな作品でしょうか。

佐藤　これまでいろいろな作品に携わってきましたが、『邪神ちゃん』は僕にとってとても大切な作品になりました。制作中はまったく笑わないくらい追い詰められたりもしましたが、ここ何年かは邪神ちゃんと苦楽を共にしたという感覚が強いです。辛いこともあったけど、作っていて楽しかったので、ぜひ第4期もやらせていただきたいです。

山田　『邪神ちゃん』は僕にとって「実家」のような感覚があります。他の作品の制作に携わっても、帰るべき場所というか。『邪神ちゃん』の制作は、ライフワークとして一生続けられる気がしています。先日、ユキヲ先生とお会いして、この先も続けたいというお話をしていたらボソッと「逃がさねぇぞ」と言われたので（笑）、ぜひ第4期も作らせていただきたいです。

YAMADA'S VOICE

邪神ちゃんの清々しいまでのクズさが際立っていました

第3期は地方都市編をはじめとするにぎやかなエピソードが多いなかで、第5話はパンダ型の遊具に乗りたいリエールを、邪神ちゃんが徹底的に邪魔をするという、久しぶりにスタンダードなお話でした。神ではあるけれど、見た目は幼女なリエールを相手にマウントを取りまくってご満悦な邪神ちゃんは、改めてクズだなぁと（笑）。今後はあのゆる～いノリを基準にしようと思いました。

シリーズ構成&脚本

筆安一幸

キャラのやりたいようにやらせることが一番大切

――最初に、『邪神ちゃん』のどんなところに魅力を感じますか？

筆安　ユキヲ先生の人柄のおかげなのか、キャラに誰1人として本質的にイヤな存在がおらず、みんなどこかおバカさんで、可愛らしい。そして誰にも悪意がない。そんな雰囲気、空気感、世界観が、老若男女問わず受け入れられているのではないでしょうか。

――シリーズ構成・脚本として本作に携わるなか、どんなことを大事にしながら構成や執筆をしていましたか？

筆安　最初に作った構成案を改めて確認してみたんですが、第1期第1話は邪神ちゃんとゆりねのみのエピソードで進めようと考えていたようです。ただ、その場合も邪神ちゃんがゆりねに召喚されるところからではなく、すでにゆりねの部屋に居候していて、虎視眈々とドロップキックを決めて殺害を狙っているところから始めようと思っていました。そして最初の打ち合わせで「いっそのこと、キャラが全員そろっていて、すき焼きをみんなで食べるところからスタートしよう」ということで合意したように記憶しています。私はアニメ『サザエさん』の第1話を観たことはありませんが、登場人物の紹介というものはとくになく、サザエさんたちが当たり前のように生活しているところから始まったのではないでしょうか？　順番にキャラを出していたら、全員そろうまでに何話かかるかわかりません。最初から勢ぞろいしていたほうが楽しいでしょうし、そのキャラが何者なのかは、観ていればわかるだろう、と。今ではとても自然な第1話だったと思っています。

――本作にはたくさんのキャラが登場します。それぞれにスポットを当てるために、構成面でどんなことに気をつけていましたか？

筆安　各キャラの登場話数のバランスには気をつかいました。全員を均等に登場させることはできませんが、主役である邪神ちゃんとゆりねの出番は当然確保しつつ、ほかのレギュラーキャラや、新キャラのエピソードも織り込んでいく。それでいてTVアニメシリーズですので、ゆるやかにではありますが「縦軸の物語」が必要。さらに、佐藤（光）監督やほかのスタッフのみなさんがやりたいエピソードも盛り込まなければならない――。さまざまな要素を考慮しながらのシリーズ構成作業は、原作エピソードとにらめっこしながらパズルを解いていく感覚に近いものがありました。

――観ていて感じた印象としては、邪神ちゃんとゆりねに次いで、ぺこらにスポットが当たることが多かったように思います。

筆安　ぺこらは喜怒哀楽の幅が大きく、不幸体質で、よく動いてくれるので、使いやすかったからかもしれません。

――キャラを動かす際に大切にしていたことはなんですか？

筆安　キャラは原作ですでに自立していて勝手に動いてくれたので、こちらとしてはそれを脚本に落とし込むだけでした。作り手の意志を優先してキャラを動かそうとすると、必ず無理や違和感が出てしまいます。ですから、たとえ作り手が「そっちにいってほしくないな～」と思っても、キャラのやりたいようにさせること。『邪神ちゃん』に限りませんが、それが一番です。

各シリーズ制作での変化にともなう挑戦

――シリーズを重ねるにあたって、意識して変化させたことは？

筆安　第1期の路線が、ありがたいこ

FUDEYASU'S VOICE

芽依に振り回されてしまう邪神ちゃんが可愛いです

邪神ちゃんが芽依に愛されるシーンはどれも面白いですね。普段は周りの人を振り回す側の邪神ちゃんも、作中でもっともクレイジーだと思われる芽依が相手になると、途端に大人しくなりますから。そうして好き勝手に愛でられることをただただ耐える邪神ちゃんの姿は、観ていて非常に楽しいです。

STAFF INTERVIEW 3

とに視聴者のみなさんに受け入れられたようでしたので、第2期も同じ路線で進めました。とはいえ、キャラも増えたので、出番のバランス調整には気をつかいました。また第3期をやるにあたっては、第2期がパロディー過多だったと感じたので、絵コンテや演出、作画で入れるぶんには一向に構いませんが、基本的にシナリオ段階ではパロディーは入れないと決めました。ただ、まったくナシにするわけではなく、入れた方が面白くなると思われる箇所には盛り込みました。

――とくにお気に入りのパロディーネタは何でしょうか?

筆安　第2期第6話で盛り込んだ、私が信奉する手塚治虫神の『きりひと讃歌』からのパロディーです。これこそ『きりひと讃歌』アニメ化への第一歩だと自負しています！　あと、第3期第3話で描かれた劉慈欣氏のSF小説『三体』のオマージュである「強制脱水」ならぬ「強制脱血」もお気に入りです。

――第2期と第3期ではふるさと納税コラボによる地方都市を舞台にしたエピソードもありました。各地の取材はいかがでしたか?

筆安　とくに第3期はコロナ禍での取材でしたが、各地のみなさんがこころよく迎えてくださいました。親切にあちこち案内してくださり、おいしいものもいただけて、本当に感謝しています。知らなかった名所や名産なども教えていただき、脚本に反映することができました。クラウドファンディングももちろんですが、ふるさと納税のおかげで第3期の制作が進められたという側面もあるので、ただただ感謝しかありません。各地の名産、名所、観光地を『邪神ちゃん』とからめるにあたっては、邪神ちゃんが借金取りから逃げるために日本全国を放浪するということで、シリーズとしてのつながりを担保できたと思っています。神保町を離れて、別の場所で邪神ちゃんが騒動を引き起こすのは新鮮でしたし、作品にとっても良いスパイスになったのではないでしょうか。ただ完全に個人の事情ですが、航空性中耳炎が怖いので、できれば取材で飛行機には乗りたくないですね。今後、北海道や南島原に行く機会があったら、陸路を使うかもしれません（笑）。

――全3シリーズのなかで、とくにお気に入りのエピソードは?

筆安　第1期第1話のすき焼きから始まるシーンは、実際に映像を観ても面白かったです。このテイストでいけるなら、きっと視聴者のみなさんに楽しんでいただけると思いました。また、第3期第8話「南島原編」における原城ならぬ「原奈津子嬢（城）」は、南島原の取材の帰路、長崎空港に向かっている車の中で天啓のようにひらめきました。あのときばかりは自分を天才かもしれないと思いました（笑）。

――続いて、お気に入りのキャラは誰ですか?

筆安　第1期第4話から登場するツチノコ（雌）です。欲を言えば、もっとセクシーショットをサービスしたかったです（笑）。次がぺこら。お腹いっぱい、幸せになってほしいです。それから、大人の魅力があるペルセポネ1世も良いですね。

――筆安さんにとって『邪神ちゃん』はどんな作品ですか?

筆安　「ATM」のバリエーションが思わぬ成長を見せ、本編で何度も描かれ、イベントでもATM席が設けられるなど、邪教徒のみなさんに浸透していったのが意外で面白かったです。ただ、語呂合わせがどんどん大変になっていきましたが……（笑）。「ATM」を受け入れてくださる邪教徒のおかげで、イベントなどでもさらなる展開を作ることができました。制作側だけじゃなく、邪教徒のみなさんがとてもいい形で盛り上げてくださっている、とても稀有な作品だと思います。

――そんな邪教徒に向けて、メッセージをお願いします。

筆安　第3期も応援ありがとうございました。第4期が実現することを、心の底から祈っています！

「原奈津子嬢（城）」のギャグは我ながら天才だと思いました

ふでやすかずゆき
脚本家。近年は劇場版『転生したらスライムだった件 紅蓮の絆編』（脚本）、『不徳のギルド』（シリーズ構成・脚本）、『Do It Yourself!! -どぅー・いっと・ゆあせるふ-』（シリーズ構成・脚本）、『リアデイルの大地にて』（シリーズ構成・脚本）などにも参加

キャラクターデザイン＆総作画監督

古賀 誠

エグくても殺伐とはしない 邪神ちゃんとゆりねの関係

——『邪神ちゃん』を観ていて一番面白いと感じる瞬間は？

古賀　全シリーズを振り返って思うのは、ゆりねと邪神ちゃんのやり取りが結局一番面白いということですね。ゆりねはふだんは温和で、誰にでも柔らかく接しているのに、邪神ちゃんにだけは容赦がない。それは、邪神ちゃんのことを「家族」として認めているからこそ。なのに（笑）、毎回やり過ぎてしまうところがシュールで面白いです。お仕置きも毎回キツめなのですが、殺伐とした感じにはならない。それは邪神ちゃんの「こんな目に遭うのも仕方ない」と思わせるキャラ性もあるでしょうし、ミノスやメデューサたちが良い調整役・緩和剤として働いているおかげだなと。また、ゆりねと邪神ちゃんは、なんやかんやと揉めはしますが、結局は相手がいないとさみしい者同士だと思います。

——『邪神ちゃん』のキャラが魅力的なのは、なぜだと思いますか？

古賀　キャラ同士の掛け合いと、キャラごとの個性が際立っているところは、本作の大きな魅力です。個人的には、ミノスを今後もっと活躍させてあげたいですね。第1期第1話からずっといるので、余計に応援したくなります。

——『邪神ちゃん』キャラのデザインをする際や、映像としての絵作りにおいて大切にしたことは？

古賀　原作がある作品では当たり前のことですが、ユキヲ先生の絵から離れすぎないように。またシリーズを通して思い返すと、絵面が下品にならないようにも意識していました。『邪神ちゃん』はギャグ作品ですが、結構グロテスクなシーンもあるので、たとえ表情を崩しても醜くならないように、可愛く見えるように注意していました。あと、ミノスなどグラマラスなキャラもいますが、できるだけいやらしく映らないようにも気をつけました。

——『邪神ちゃん』の制作ではどんなことに苦労を感じましたか？

古賀　『邪神ちゃん』に限りませんが、作品の絵に慣れるまでは、私自身が大変でした。第2期からはある程度慣れてきて、私のなかでも消化できるようになっていきました。そうして少しずつではありますが、ほかの作画スタッフの絵もまとめられるようになっていったんです。

——とことんゲスい邪神ちゃんが嫌われないために、作画の時点で気をつけたことは？

古賀　シナリオの段階でうまく調整はされているので、絵作りの部分で視聴者の方に「このキャラ、嫌だな」と映らないようにすることです。作画しているときは特別意識していませんでしたが、「見ていて嫌な顔」にはならないように気をつけていました。

——描いていて楽しかった、逆に難しさを感じたキャラは誰ですか？

古賀　描いていて楽しかったのはリエールです。中身は大人でも、見た目が子どもなところが良いですね。あと、私がとにかく子どもを描きたかったので、リエールはちょうど良かったです。一方、難しかったのはゆりねです。彼女は特徴がたくさんあって描きやすいように思われますが、じつは絵のつかみどころが難しく、表情づけが大変なんです。とくに日常シーンで会話などを普通にしているとき、どういう表情をつけるか毎回悩みました。

——では、キャラとしてのお気に入りは誰ですか？

古賀　個人的にはやっぱりリエールです。また、作画スタッフの間ではぺこらが全体的に人気でしたね。また、邪

KOGA'S VOICE

ごくまれに描かれる邪神ちゃんのやさしさが好き

個人的にお気に入りのエピソードは、第2期第8話で描かれた邪神ちゃんの幼少期です。あと、第2期第5話で邪神ちゃんがメデューサに誕生日プレゼントをあげるシーンもいいですね。どちらもふだんはあまり……いやほとんど見られない、邪神ちゃんのやさしさが垣間見られた話数でした。

ゆりねと邪神ちゃんはよく揉めますが “お互いがいないとさみしい”似た者同士

神ちゃんという声も多かったです。ぺこらや邪神ちゃんは喜怒哀楽がはっきりしていて、キャラとして活かしやすく、動かしていて楽しいですから。

シリーズを重ねても変わらない邪神ちゃんたち

——シリーズを重ねるにつれて変化を感じる部分や、古賀さんが意識して変化を加えたものはありましたか？

古賀　表現が少しずつソフトになってきているのを感じます。第1期の序盤などはかなりグロテスクな表現が多かったのですが、第2期、第3期は少し抑えられているかなと。個人的には、グロ表現は苦手なので助かりました。そして、私自身が挑戦していたのは、シリーズを通して「変えないこと」です。第1期から第3期にかけて絵柄が極力、変わらないように努めてきました。やっぱりどのエピソードを観ても変わらない邪神ちゃんたちでいてほしいですからね。

——とくに印象に残っている「ゆりねのお仕置きシーン」は？

古賀　邪神ちゃんがゆりねを指差して、その直後に指を折られるシーン（第3期第5話など）が妙にリアルで、観ているのが辛かったです。「邪神ちゃんが真っ二つになる」などの突拍子もない表現は現実離れしていて大丈夫なのですが、リアルに痛そうなのはちょっと嫌でしたね。

——『邪神ちゃん』はパロディーだったり扱うネタがセンシティブだったりと、攻めた表現がちょくちょくあります。アニメ制作中、「これはアクセル全開だな！」と感じたことは？

古賀　私自身はとくにはないです。どちらかというと、各々のスタッフが暴走しているのを、作画の面でのまとめ役として堰き止めていました（笑）。

——パロディーネタで、印象に残っているものは？

古賀　第2期第6話で、邪神ちゃんがエビフライならぬ「ヘビフライ」になるシーンです（手塚治虫『きりひと讃歌』のパロディー）。ちょっとほかのパロディーとは一線を画していました。あと、ほかのスタッフに聞いたら第3期第1話でキャラごとに画風が変わるのも印象的だったようです。

——『邪神ちゃん』制作中の、印象に残っている出来事は？

古賀　制作中はスタッフ同士の意見のぶつかり合いなど、いろいろと大変なことがありましたが、そのなかで楽しさを見つけていくことが大切だと思いました。何事も思ったとおりにはいかないことのほうが多いですが、そうしたなかでも自分なりの楽しさを見つけていくことが、モチベーションの維持につながっていったと実感しています。

——そんな古賀さんにとって『邪神ちゃん』はどんな作品ですか？

古賀　ひと言でいうと、自分にとっての「改変期」。自分が変わるきっかけをくれた作品です。『邪神ちゃん』以前もいろいろとアニメ制作に関わってきましたが、本作のなかでいろいろと考える機会をいただきました。主には自分の身体的な面や作業のやり方ですね。これまではずっと手描き作業でしたが、じつは第1期の制作中、視力の低下が原因で作業が困難になり、これ以上アニメーターを続けるのは厳しいかなと思っていました。正直、業界を引退することも覚悟したんです。そんなときに、デジタル作画を勧められて。「デジタルなんて……」と最初は思っていましたが、やってみると案外手に馴染み、いまでは手放せなくなりました。

——最後に、邪神教徒へ向けてメッセージをお願いします。

古賀　『邪神ちゃん』のアニメは、本当に邪神教徒のみなさんに支えられている作品です。みなさんは愛を持って、原作にないアニメオリジナルの展開や演出などを受け入れてくださっているのだと思います。改めて、『邪神ちゃん』を愛してくれて本当にありがとうございます。そして、これからも変わらず『邪神ちゃん』を愛してあげてください。

こがまこと
アニメーター。ノーマッド所属。近年は『恋と呼ぶには気持ち悪い』、『炎炎ノ消防隊』、『チェインクロニクル ～ヘクセイタスの閃～』、OVA『アリス・ギア・アイギス ～ドキッ！アクトレスだらけのマーメイドグランプリ♡～』（すべて作画監督）などにも参加

佐藤監督＆山田監督
OP・ED プレイバック

OP&EDも情熱が注がれている『邪神ちゃん』。各曲の映像制作のいきさつや、注目してほしいシーンを監督両名が語ってくれた。

佐藤監督、語る！

『邪神ちゃん』のスプラッター要素や、ゆりねのゴスロリ衣装から連想して、OP はメタルがハマると思いオーダーしました。ちなみに邪神ちゃんの人差し指と小指を突き出すポーズは「メロイック・サイン」という、メタルで定番のサインです。

第１話の内容が原作の途中の話数なので、初見の方が理解できるか心配でした。でもOPの歌詞で「人間界に召喚された邪神ちゃんは、ゆりねを殺さないと帰れない」という前置きが説明されていて助かりました。

「あの娘にドロップキック」 第１期 ＯＰ

作詞・作曲・編曲：Agasa.K　歌：邪神★ガールズ〈邪神ちゃん（鈴木愛奈）、花園ゆりね（大森日雅）、メデューサ（久保田未夢）、ぺこら（小坂井 祐莉絵）、ミノス（小見川千明）、ぽぽろん（佐々木李子）、ペルセポネ２世（飯田里穂）〉

第１期 ED　第１期 OP

「Home Sweet Home!」 第１期 ＥＤ

作詞・歌：三浦祐太朗
作曲・編曲：前山田健一

佐藤監督、語る！

作詞を三浦祐太朗さん、作曲をヒャダインこと前山田健一さんという、大好きな方々が手掛けてくれました。アットホームな曲だったので、EDの映像もそれに合わせてにぎやかで楽しい感じにしました。

第２期第３話で、身宇裸という中年サラリーマンと飲み比べした邪神ちゃんは、酔っぱらって「三浦には感謝してんだよ」とつぶやいていましたが、あのセリフは「Home Sweet Home!」を歌ってくれた三浦さんに対する感謝の言葉です。

佐藤監督、語る！

可愛らしい曲調ですが、歌詞は「ゆりねを抹殺したい邪神ちゃんの思いをつづったポエム」という、じつに『邪神ちゃん』らしい内容になっています。花畑でたわむれる邪神ちゃんとゆりねの図から始まり、熱いバトル展開をはさんで、邪神ちゃんのお仕置きシーンで締める。まさに本作を象徴したOPだと思います。

「時としてバイオレンス」 第2期 OP

作詞：宮嶋淳子　作曲：原 一博
編曲：川崎智哉　歌：halca

第2期
ED

第2期
OP

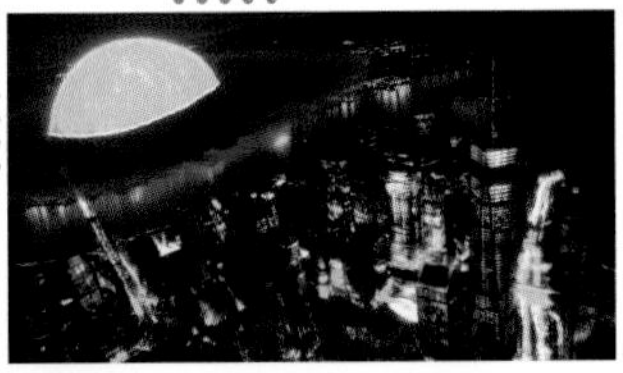

「Love Satisfaction」 第2期 ED

作詞：図画泉美　作曲：木田竜也
編曲：木田竜也、GAK、長戸大幸　歌：ZAMB

佐藤監督、語る！

OPがキュート＆ポップに振った曲なので、EDは激しいメタルでいきたいと思ってオーダーしました。すると、担当アーティストであるZAMBさんが5曲ほどメタルの候補曲を挙げてきてくださったんです。第1期のEDとは真逆にしたくて、とくに重たい曲調の「Love Satisfaction」を選びました。

映像も曲の重さに合わせて作ってもらったら、『邪神ちゃん』のEDとは思えない「ハルマゲドン感」あふれるものに仕上がりました。

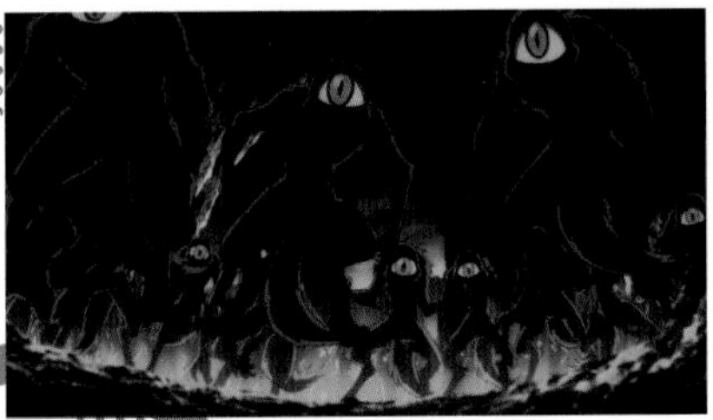

佐藤監督、語る!

曲に合わせて、OPのコンテ担当の方に好きにやってもらいました。そうしたら、レギュラーキャラを歌わせたかったようで、バンド演奏シーンが盛り込まれました。

ゆりねたちの演奏をできるだけ忠実に描きたかったのですが、曲の楽譜が用意されていませんでした。それで、僕がバンドシーンにあたるパートの伴奏を耳コピして、実際に自分でギターを弾き、手の形を写真に撮ったものを原画スタッフに渡して絵に起こしてもらいました。

「あれこれドラスティック feat.鈴木愛奈」

第3期　OP

作詞：田淵智也　作曲：林直大、田淵智也
編曲：林直大　歌：halca

第3期
ED

第3期
OP

「流線形メーデー」

第3期　ED

作詞：祭日ハネダ　作曲・編曲：HiFi-P
歌：花譜×可不

山田監督、語る!

アブノーマルな表現で邪神ちゃんとゆりねの関係性を示せたらと思い、ゆりねが夢の中で邪神ちゃんと出会ったらという、ふわっとした設定で着手しました。空を飛ぶ邪神ちゃんの尻尾で歌詞の「流線形」を回収するなど、パロディー・おふざけ・原作の構図を織り交ぜ、邪神ちゃん流のエモを目指しました。

ゆりねに歩み寄るときの邪神ちゃんの手のひらがペンギンみたいにぴょこんと反っているのが、どこか芝居じみてて可愛いんです。

佐藤監督、語る！

「神保町哀歌」の歌詞は、シリーズ構成・脚本の筆安（一幸）さんがいつの間にか作っていたんです。第１期の脚本会議で、筆安さんが「第11話で邪神ちゃんが『神保町哀歌』という歌を歌います」と言っていたので、劇伴を作曲家に発注するころには歌詞のイメージがあったのではないでしょうか。それどころか、脚本に邪神ちゃんのセリフで「6章まであるんですの」と書いてあったので、最初から全６章分の歌詞を書くつもりでいたのだと思います。

第２期第11話の「特別編」では、第１期の予告どおりに邪神ちゃんが全６章をフルコーラスで歌いあげました。あのシーンの映像には、じつは大切な意味があるんです。アニメ本編は、原作のエピソードをシャッフルしているのですが、邪神ちゃんが「神保町哀歌」全６章を歌っているシーンの映像は、これまでの出来事を時系列順に並べ直したものになっています。邪神ちゃんとゆりねの出会いから、いままでの歩みを振り返る構成なので、機会があればぜひ「特別編」を観返して、２人が共有した思い出の道程を堪能してください。

「神保町哀歌」

第1期第11話挿入歌
第2期第11話挿入歌

作詞：筆安一幸　作曲：栗原悠希
編曲：神馬 譲　歌：邪神ちゃん（鈴木愛奈）

作詞担当・筆安一幸も語る！

「神保町哀歌」はあくまでもイメージですが、数十年後の未来の邪神ちゃんから見たゆりねとの思い出、感情というものを、神保町の景色も折り込み情緒的に書いたものです。鈴木愛奈さんのあまりに見事な歌いっぷりに感動しました。

「CHI☆TO☆SE愛歌」では千歳の名所、景色の表現を大切にしつつ、誰かと誰かが出会って、それが幸せなんだ、ということを書いたつもりです。「神保町哀歌」と合わせて、いつか大勢の邪教徒のみなさんと生で聴いてみたいものです。

「CHI☆TO☆SE愛歌」

第２期第12話ED

作詞：筆安一幸　作曲・編曲：TORIENA
歌：邪神ちゃん（鈴木愛奈）、リエール（花井美春）

ジャケットイラスト
挿入歌

ジャケットイラストギャラリー

『邪神ちゃん』を彩った各曲のジャケットイラストを一挙紹介。楽曲同様、イラストもとてもバラエティーに富んでいる。

▲「あの娘にドロップキック 〜邪教徒の祈りdeathの〜」クロコダイルレコードより発売中

▲「時としてバイオレンス＜期間生産限定盤＞」SACRA MUSICより発売中

▲「Love Satisfaction＜期間生産限定盤＞」SACRA MUSICより発売中

▲「サンキュードロップキック！」音楽配信サイトで配信中

▲「あれこれドラスティック feat. 鈴木愛奈＜期間生産限定盤Ｂ＞」SACRA MUSICより発売中

▲「単純明快！Something Devils!!」BOOTHで販売中

▲「フォーリンポップ」BOOTHで販売中

▲「Destiny Noisy」BOOTHで販売中

▲「Calling HOPE」BOOTHで販売中

悪魔Aのちょい足し その4

第3期に突如降臨した初音ミクちゃん
異色コラボの裏側に迫ルールルルル～！

「千歳編」の制作を皮切りに、北海道と縁がより深まった『邪神ちゃん』。北の大地が生んだ歌姫・初音ミクちゃんとの出会いも運命!?　というわけで、ミクちゃんの保護者に、「やるなら今しかねえ」と思った経緯を聞いてみた。

『邪神ちゃん』が初音ミクちゃんに擦り寄ってきたのはいつごろ？

熊谷　コラボのお話は2020年の秋ごろからスタートしました。共に北海道に根づいたキャラという繋がりもあり、『さっぽろ雪まつり』を通じて盛り上がりを作っていこう、と面白い企画をいろいろと練っていたんです。ですが、コロナ禍で2021年、2022年と連続で思うような展開ができず、とても歯痒い思いをしていました。それでもめげず連絡を取り合うなか、アニメ第3期とのコラボオファーをいただき、二つ返事でお受けしました。

大切な我が子を『邪神ちゃん』スタッフに預けたとき、伝えたことは？

熊谷　ミクが『邪神ちゃん』の世界に登場しても違和感のないアプローチの仕方を、最優先でお願いしました。あわせて単発での出演ではなく、「毎話ストーリーとまったく関係ない立ち位置で、ちょっとだけ出演するってどうですか!?」という無茶なお願いをしたところ、全力で叶えてくださいました！

邪神ちゃんたちの輪に自然に溶け込んでいたな。この悪魔Aを差し置いて！

熊谷　「違和感のない」というオーダーをすると、ああなるんだな……と（笑）。

ミクちゃんファンの反応は？

熊谷　今までにない形でのコラボだったので、ミクファンのみなさんもとても喜んでくれました！　YouTube『【公式】邪神ちゃんねる』の切り抜き動画の再生数が、それを物語っています！

最後に、『邪神ちゃん』をたくさん褒めてくれないか？

熊谷　クラウドファンディングやふるさと納税の実施、地方編の制作など、これまでのアニメ業界にはなかったユニークな施策をたくさん実現され話題となりました。とはいえ、これだけ支持されるのはやはり素晴らしい作品であることが前提にあるからだと思います。とにかくいつもストーリーがぶっ飛んでいて面白いんですよね。ときにはマニアックなパロディー要素が盛り込まれていますし、ついつい誰かに面白さを話したくなる、共有したくなる。そういうところが『邪神ちゃん』の最大の魅力でしょうか！

クリプトン・フューチャー・メディア株式会社
ライセンス応用チーム
熊谷友介
北海道出身／『邪神ちゃん』で好きなエピソードは第３期第９話／好きなキャラはメデューサ

初音ミク

青緑色の超長ツインテールが印象的なバーチャル・シンガー。道に飛び出した邪神ちゃんをトラックで勢いよく轢くなど、なかなかの破天荒ぶりを見せてくれた。

第3期
フィルムストーリー ですの!

SEASON 3

第1話

「ハルマゲドンかるたX」

脚本／筆安一幸　絵コンテ・演出／山田 卓　作画監督／藤田まり子、益田賢治（料理）

初音ミク初登場＆邪神ちゃんと初絡み！

第３期開幕早々、説明もなく歌姫・初音ミクが登場！ Youtube『【公式】邪神ちゃんねる』にアップされた該当シーンは世界的にも注目を集め、350万回超の再生（2022年11月時点）を達成！

「これからはシリアスな邪神ちゃんになりますの！」

第３期が幕を開け、シリアスキャラへの変身を試みる邪神ちゃん。彼女にならってゆりねたちも自分たちの絵柄を変えていき、カオスな状況が訪れてしまう……。またある日、児童養護施設に天使たちの主・リエールがやってきた。彼女の目的は地上を滅ぼすべきか見極めること。それを知った邪神ちゃんがリエールの前に立ちふさがる。

ぴのは情緒不安定

ぴのはリエールを発見して以降、情緒不安定さが急加速！ 救世主と見定めたゆりねへの依存度が増し、ちょっとしたことで嫌われたと思い込むと「死ぬ死ぬ」と泣き喚くメンヘラに。天使にまともな人材はいないのか？

第2話

「錠剤は全てラムネです」

脚本／村上桃子　絵コンテ／永居慎平 演出／大久保亮　作画監督／Kimsuho、杉山直輝、益田賢治（料理）

「大変！ごめんなさい!!」

天界からの追っ手を恐れるあまり不安な日々が続くぴの。彼女が外出すると、地上に降臨したリエールがゆりねに殴られる場面を目撃。「やられる前にやる」べきだと考えて、邪神ちゃんをヒットマンにしたり、お菓子に毒を盛って暗殺しようとするがあえなく失敗……。絶望した彼女の目に映る最後の希望は、なんとゆりねだった!!

第３話

「必殺ピロピロ」

脚本／村上桃子　絵コンテ・演出／花岡佑大　作画監督／アルベルト・キエ、勝谷 遥、山口 菜、山本真嗣、三ッ木萌子、益田賢治（料理）

邪神ちゃんの脳内で開かれた緊急会議。どうやら「邪神ちゃんはゆりねに勝てない」と考える裏切り者がいるらしい。裏切り者を探す心理戦が繰り広げられるなか、会議の場にゆりねが乱入!? またある日、お地蔵さまへの供え物を横取りした邪神ちゃん。その夜、お地蔵さまが夢枕に立ち、「罰を与える」と言って襲いかかってきた！

「ギョロリとした目!! 痩せた体!! そして青白い肌!!
不気味で魔除けにぴったりだわ!!」

邪神ちゃんの頭の中リターンズ

第２期第１話であった脳内会議が再度開催。今回はブッダ、ミロク、クマムシに替わり、熱血キャラのジャスティス、某SF小説的な三体Ａ・Ｂ・Ｃが新加入したが、みんなベースは邪神ちゃんなのでやっぱり役立たず？

第４話

「邪な神保町の過ごし方」

脚本／村上桃子　絵コンテ／中山奈緒美　演出／小野田雄亮　作画監督／河西睦月、益田賢治（料理）

全身を金色に塗り、立像のふりをしている邪神ちゃん。本物だと気付かない様子のゆりねに、不意打ちを試みるが失敗に。しかし、懲りない邪神ちゃん。肩を揉ませるため、背中を見せるゆりねの無防備な首筋に、渾身のチョップを浴びせるも……。それでもゆりねを倒せない邪神ちゃんは公園に巨大な落とし穴を掘り、彼女を落とそうと企む。

「私の像と見せかけて、
実は私なのだ！」

ゆりねは肩こりがヒドイ？

謎多きゆりねだが、じつは肩こりであることが発覚。邪神ちゃんが強烈なチョップやパンチを食らわせても気持ち良く感じるほどなので、その症状はよほどひどいと思われる（邪神ちゃんの攻撃力が弱すぎるという説もある）。

第5話

「愛し愛され3000万」

脚本／村上桃子　絵コンテ／小松一人　演出／中川 聡　作画監督／新村杏子、平野太朗、藤田まり子、渡部由紀子

「この勝負、邪神ちゃんの勝ちです と言えば乗せてやってもいい」

邪神ちゃんの恩師であるペルセポネ1世が魔界からやってきた。そしてリエールが暮らす児童養護施設へ赴任することに。じつは2人は旧知の仲。リエールが密かにほしがっていた子ども向けのオモチャを買い与えるなど、彼女のことはなんでもお見通し。リエールはペルセポネ1世に感謝するとともに、悔しさ（？）で震えてしまう。

ペルセポネ１世とリエールは仲良し！

ペルちゃんの母親であるペルセポネ１世がじつは天界出身ということが判明！　幼女と仲良くするリエールを見て微笑む一方、照れるリエールに笑いをこらえるなど、完全に生意気な娘をからかう母親のような雰囲気だった。

第6話

「ギルティングカムイ釧路」

脚本／村上桃子 絵コンテ／西森 章　演出／岩田義彦 作画監督／JFK（藤田正幸、輿石 暁、花輪美幸、柄谷綾子、飯飼一幸）、渡部由紀子、新村杏子、玄機株式会社（楊 彤琤、周 婧、黄華）、無錫花猫動画、麦冬映画、益田賢治（料理）

「クズを訪ねて三千里ね」

莫大な借金を作り、釧路へ逃げていた邪神ちゃん。そんな彼女を探すため、ゆりねも悪魔たちを連れてかの地へと向かった。ところがゆりねは海鮮丼を食べたり、民芸品店でアイヌ衣装を体験したりするなど旅行気分。邪神ちゃん探しをせず釧路観光を満喫する。そんなとき、釧路の地で神が誕生したというニュースが舞い込む。

アイヌ姿のゆりねがゴールデンカワイイ

北海道を皮切りに邪神ちゃんの逃亡編が開幕！　同地の名所が次々登場するので、観光旅行の参考にももってこいだ。また、アイヌ服に着替えたゆりね＆メデューサの魅力は、まさに神（カムイ）級♪

第７話

**「笑顔の形、
帯広で見つけたもの」**

脚本／筆安一幸　絵コンテ・演出／菊池聡延　作画監督／藤田まり子、益田賢治（料理）

帯広にある恋人の聖地・幸福駅でカップルたちに嫉妬する邪神ちゃん。「あんバタサン」や「スイートポテト」など帯広名物を食べながら、金儲けの話を探し回った。リエールたちと一緒に豚丼を食べた邪神ちゃんの前に現れたのは元スケート選手の清水宏保。彼から「ばんえい十勝」の話を聞いた邪神ちゃんは、競馬で借金返済を狙う。

製作総指揮だって容赦無くイジる！

邪神ちゃんが幸福駅で見つけた絵馬にあった「公一朗」は、本作の製作総指揮を務める夏目公一朗のこと。なんと第3期制作のため私費も提供している。そんな偉い人すらネタに使うのが『邪神ちゃん』！

**「借金取りから逃げ、牛の群れから逃げ
私の人生、逃げてばっかりですの!!」**

第８話

**「イルカにノって大騒ぎ！
ハラハラドキドキ南島原！」**

脚本／筆安一幸　絵コンテ／西森章　演出／京極竜矢　作画監督／大梶博之、福岡ゆう、徳田夢之介

馬に蹴られた邪神ちゃんは南島原の海岸に流れ着いた。偶然出会ったリエールと一緒に、彼女の旧友・天草四郎がいる原城跡へ向かう。だがそこにも魔界金融の取り立て人が。絶体絶命の邪神ちゃんを救ったのは長崎旅行中だった橘芽依。「守ってほしい」と邪神ちゃんに頼まれた芽依は、原奈津子嬢（城）に邪教徒を集めて籠城する計画を立てる。

邪神ちゃん手延素麺になる！

籠城戦で敗れた邪神ちゃんは、お仕置きとして手延素麺の材料となり、みんなに美味しく食べられることに。この状況に対して、何の疑問も抱かないゆりねたち。『邪神ちゃん』ワールドの人々は、さすがに肝が据わっている。

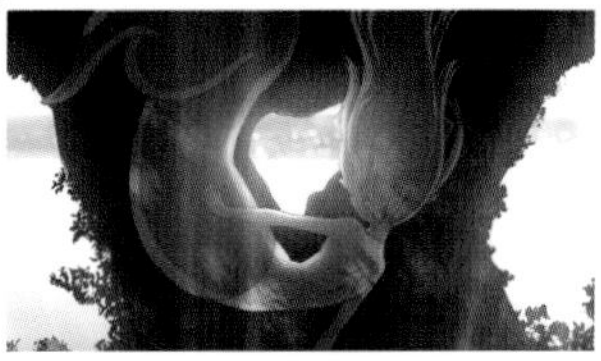

**「お願いだ。芽依！
私を助けて !!」**

第9話

「富良野に潤むラベンダー色の瞳」

脚本／筆安一幸　絵コンテ・演出／山田 卓　作画監督／新村杏子、渡部由紀子、加野 晃、アルベルト・キエ、松本勝次、シャフト（渋谷 勤）、JFK、無錫櫻花アニメーション

取り立て人に追われた邪神ちゃんは気球で富良野へやってきた。地道な返済を勧めるメデューサに対し、邪神ちゃんは借金が莫大な額に膨れ上がったことを説明。するとメデューサは異常なハイテンションとなり、2人で内臓を売る前に人生の最期を楽しもうと提案。彼女のハイテンションは周りの悪魔や天使、そして近隣住民にも伝染していく。

「内蔵、売ろ？　大丈夫。私の内蔵も一緒に売るから」

メデューサ・ハイでイチャイチャMAX

邪神ちゃんへの愛が暴走したメデューサは、6666年ぶりの激レア状態「メデューサ・ハイ」に。こうなった彼女はブレーキの壊れたF1マシン。邪神ちゃんの頬をペロペロっとしたり、スキンシップも過激になって誰も止められない！

第10話

「大空に聞け！ 私の名は邪神ちゃんですの！」

脚本／村上桃子　絵コンテ／朝岡卓矢　演出／岩田義彦　作画監督／川辺雄介、坪田慎太郎

邪神ちゃんが北海道から帰宅すると、ゆりねは不在。テーブルには「実家に帰ります」という書き置きがあった。邪神ちゃんたちがそれに記された住所へ向うと、なんと神社。元日だからと、みんなでおみくじを引くことに。すると邪神ちゃんのおみくじには「死」と書かれていた。死を恐れた邪神ちゃんは、夕日へ向かってひたすら走る。

「邪神ちゃん……死ぬの？」

エモいシーンなのにひとつもエモくない！

夕日を見て黄昏れる邪神ちゃんの周りに、自然と仲間が集まって合唱。脈絡はとくにない。エモさもありそうでない。そんな、ハチャメチャな展開だった。でも、これもまた『邪神ちゃん』なのだ！

第11話

「神保町献血センター」

脚本／村上桃子　絵コンテ／田中雄一　演出／小野田雄亮　作画監督／河西睦月、澤口裕也、伊能章博

「パトラちゃん」の限定フィギュアがほしいリエール。彼女はペルセポネ1世を誘い親子に扮して「パトラ展」へ向かった。するとペルセポネ1世は、自分を「ママと呼んでほしい」とリエールに依頼するが!?　一方、神保町で怪しい献血センターを発見した邪神ちゃん。興味本位で入ってみると、そこはヴァンパイア族の隠れ家だった。

エキュート&アトレ初登場！

第3期も残すところ2話だが、ここで新たなヒロインコンビが登場！「のじゃ」口調の姫様キャラ・エキュートに、礼儀正しいけど怒ると怖いアトレと、これまでにないキャラ付けで邪教徒の心をガッチリキャッチ！

「私が死んだら、アニメも原作も終わっちゃいますの。へーきへーき」

第12話

「ドロップキックは永遠に」

脚本／村上桃子　絵コンテ／小松一人　演出／矢野孝典　作画監督／古賀 誠、藤田まり子、山本真嗣、勝谷 遥、清澤唯人、新村杏子、青野厚司、輿石 暁、櫻井拓郎、松本勝次、JFK、益田賢治（料理）

自己肯定感は最強の回復薬！

ちょっと褒められただけで、すぐ調子に乗りまくる邪神ちゃん。人間界で自堕落さに磨きがかかったものの、そんな単純なところが憎めない。だから彼女の周囲はいつも仲間と笑顔であふれているのだ！

「この世でもっとも尊いものは、それは……愛だ――――!!!!!!!」

エキュートの目的はゆりねをヴァンパイア族の一員にすること。もしゆりねがヴァンパイアになれば、邪神ちゃんは2度とゆりねを倒せない。追い詰められた彼女はトレーニングで自らを鍛え直すが、無理が祟ってミイラ化してしまう。そんな邪神ちゃんに励ましの言葉をかける仲間たち。そして彼女はようやく魔貴族としての誇りを取り戻す。

悪魔Aのちょい足し その5

優しさ100%でできた日常ショート『まめアニメ』に癒やされちゃいな！

▲『まめアニメ』第1話はこのQRコードからアクセス！アクセス!!

神保町ライフを可愛く描くきらきら系アニメ『邪神ちゃんドロップキック まめアニメ』をご存知かな!? キャラの誕生日に合わせて公開されたり、北海道文化放送では観光映像と共に「北海道編」が放送されたり、イベントで音声をライブ収録したり、いろいろな展開をしているぞ。今回は制作者のまめこさん（@mmkaeo）が邪神ちゃんとゆりねの仲良しイラスト描いてくれた。み〜んなあったけぇ『まめアニメ』を観て、「邪神ちゃんロス」を乗り切ろうじゃあーりませんか！

7

鈴木愛奈 in 神保町グラビア ですの!

鈴木愛奈と歩く聖地・神保町

あいにゃ散歩

『邪神ちゃんドロップキック』の聖地・神保町を邪神ちゃん役の鈴木愛奈さんがぶらりとお散歩。さまざまなスポットをチェックしてきました！

『邪神ちゃん』第3期ブルーレイ上巻のパッケージイラストと並べるとハートマークに！

鈴木愛奈さん（＝あいにゃ）が、邪神ちゃんの下半身カラーのワンピース姿で神保町を散策。まるで建物の影から邪神ちゃんやゆりねがひょっこり現れそうな街並み、広場、公園に終始感激しっぱなしだった。残念ながら神保町名物のカレーを食べることはできなかったが、フレッシュムーンや大丸やきといったスイーツを堪能できてお腹も大満足。

「一風変わった本屋さんやおいしそうな飲食店があって楽しく暮らせそうなうえに、キンキン広場のパンダ遊具などユニークさもあって。その絶妙なバランスが、邪神ちゃんやゆりねたちの心をつかんでいるんでしょうね。今度訪れたときは、絶対に『まんてん』でかつカレーをいただきます!!」と、笑顔で語った。

① 買い物帰りの邪神ちゃんに会える!?

すずらん通り

さまざまなジャンルの書店、文具・画材店、そして文豪にゆかりのあるお食事処などが並ぶ歴史のある商店街。邪神ちゃんはゆりねに頼まれた買い物に出るたびにこの通りを歩いている。

AINYA-NOTE

第1期のOPはもちろん、本編にも何度か登場したすずらん通り。邪神ちゃんが尻尾を引きずり歩いていたこの街を、私も歩いているんだと思うとなんだか感動します。おいしそうな飲食店がたくさん並んでいるのもいいですね！

立ち寄りたいお店がいっぱい

神保町のカレーといえば！

③ ボンディ

神保町のカレー屋さんの代表格が欧風カレーの「ボンディ」。邪神ちゃんもよく足を運んでおり、ゆりねがぺこらにご馳走してあげた場面が印象的だった（第1期第2話）。お昼どきはいつも大行列。

▲定番のチーズカレーは絶品。すべてのカレーにじゃがいもが付いてくる

カレーの香りにお腹が鳴ります

② 大食らいのミノスも大満足！

まんてん

第1期第7話でミノスがうまそうに食べていたのが「まんてん」のかつカレー。第2期第8話で金欠の邪神ちゃんが頼んだのは大盛カレー。安価でボリューム満点だ。

AINYA-NOTE

どちらのお店も長い行列ができていて、残念ながら良いにおいをかぐだけで退散。「ボンディ」のカレーは食べたことがありますが、中毒性があるくらいおいしくて、仕事中によく「ボンディ食べたい……」となっています（笑）。

◀ジャンボカレー（かつトッピング）は、このボリュームでなんと750円という良心的価格設定！

⑤ 邪神ちゃんも愛する生いちごジュース
さぼうる

70年近い歴史のある南国風カフェ。第1期第3話では邪神ちゃんがメデューサとケンカして生いちごジュースをヤケ飲みした。ちなみに邪神ちゃんが陣取っていた席は地下にある。

AINYA-NOTE

以前から飲みたかった生いちごジュースとようやく出会えました！果肉感がすごくて、いちごに練乳をかけて食べたときのような豊かな甘味を感じられます。邪神ちゃんが何十杯も飲む気持ちがよくわかるおいしさでした！

④ お土産はフレッシュムーンで決まり！
文銭堂

カステラ生地にバタークリームをサンドしてあるフレッシュムーンは和菓子店「文銭堂」の名物。邪神ちゃんの大好物で、メデューサがよくお土産として買ってきてくれる。

ちょっと休憩～

AINYA-NOTE

以前、差し入れでいただいて以来、大好きになったフレッシュムーン。甘い生地とバタークリームのちょっとした塩味がとってもおいしいハーモニーを奏でてくれます。サイズも意外に大きいので、女の子なら1個でも大満足！

私の写真集も並んでいます（笑）

⑥『邪神ちゃん』コーナー常設！
書泉グランデ

邪神ちゃんやゆりねがよく本を購入している大型書店。マンガ、鉄道、ミリタリーなど多くのジャンルの専門書が豊富に取り揃えられているが、どうやら魔導書（外典）は置いていないようだ。

AINYA-NOTE

かなりのスペースを『邪神ちゃん』に割いてくれていて嬉しかったです。店員さんも親切で、『邪神ちゃん』への愛を感じる方ばかり。『邪神ちゃん』の新刊が発売されたら、書泉グランデさんでの購入をオススメします（笑）。

なんと床にも邪神ちゃんが！

邪神ちゃん
クズだったなぁ

意表を突かれるのが神保町の面白いところです！

オフィス街にぽつんとパンダ遊具

⑦キンキン広場

ビル群の中に突然現れるシュールな外観の広場。第3期第5話ではパンダ遊具に乗りたいリエールと乗せまいとする邪神ちゃんとの間で、壮絶なパンダ争奪戦が繰り広げられた。

AINYA-NOTE

こんなところに遊具があるなんてビックリ！　この遊具の争奪戦でリエール相手に見せた邪神ちゃんの表情は、彼女史上一番悪い顔だったかも（笑）。ちなみに遊具には荷重制限があって、乗ることはできませんでした。残念。

こんなところになぜパンダ!?

幸せな甘さです

⑧悪魔Aもキョンシー姉妹も大好き！

大丸やき茶房

キョンキョンが大好きなお菓子「大丸やき」を提供してくれる甘味処が「大丸やき茶房」。明治時代から伝わる伝統的な製法で焼いた大丸やきはやさしい甘味を感じさせてくれる。

お茶は自分で淹れるスタイル

AINYA-NOTE

キョンキョンが幸せそうな顔で大丸やきを食べていましたが、その気持ちがよくわかります。自然な甘さで本当においしい。日本茶との相性もバツグン。大丸やきの表面に「邪神ちゃん」と焼き印してくれるのも嬉しかった！

ぺこらのマイホーム
⑨ 西神田公園

ぺこらがマイ・ダンボールハウスを構えている公園。そのため天使チームが会合をしたり、ぺこらがゆりねからほどこしを受けたりと、いろいろな場面の舞台になっている。

AINYA-NOTE

公園に入った瞬間いろいろなシーンを思い出しました。第1期第5話でぺこらのダンボールハウスを破壊したうえに嘔吐したり、第3期第4話で打倒ゆりね用落とし穴を掘ったり。全部、邪神ちゃんの悪行の記憶でしたね（笑）。

LIST

『邪神ちゃん』聖地MAP

半日あれば
全部回れる！

※営業時間や価格などは変更される場合があります

❶ すずらん通り
【DATA】
東京都千代田区神田神保町1丁目

❷ まんてん
【DATA】
03-3291-3274／東京都千代田区神田神保町1-54／朝11時～夜8時（平日）、朝11時～夕方4時（土）／定休日は第2・第4土曜日、日曜日、祝日

❸ ボンディ
【DATA】
03-3234-2080／東京都千代田区神田神保町2-3神田古書センタービル2F／朝11時～夜9時（平日）、朝10時30分～夜9時30分（土日・祝）※ラストオーダーは閉店30分前／定休日は年末年始

❹ 文銭堂
【DATA】
03-3292-0003／東京都千代田区神田神保町1-13-1／朝10時～夜6時（月～土・祝）／定休日は日曜日

❺ さぼうる
【DATA】
03-3291-8404／東京都千代田区神田神保町1-11／朝11時～夕方5時（月～土）／定休日は日曜日、祝日

❻ 書泉グランデ
【DATA】
03-3295-0011／東京都千代田区神田神保町1-3-2／朝11時～夜8時（平日・土日・祝）／定休日は1月1日のみ

❼ キンキン広場
【DATA】
東京都千代田区神田錦町3丁目

❽ 大丸やき茶房
【DATA】
03-3265-0740／東京都千代田区神田神保町2-9-5／朝10時～夕方5時30分／定休日は土曜日、日曜日、祝日

❾ 西神田公園
【DATA】
東京都千代田区西神田2-3-11

8

美術・小物設定＆アートギャラリー

ですの!

★背景美術

2階玄関前

階段

邪神ちゃんたちが暮らすアパート（外観）

「〇こでもドア」にも似たピンク色のドアなど、昭和の名残を感じさせる2階建てアパート。奥に見える高階層の建物群だけが都会っぽさを感じさせる。裏庭は住人共有のスペースのようで、ペートの小屋がある。また時折、邪神ちゃんたちによってビニールプールを使った水遊びやかるた大会が行われている。

裏庭

キッチン（自室より）

自室（窓側より）

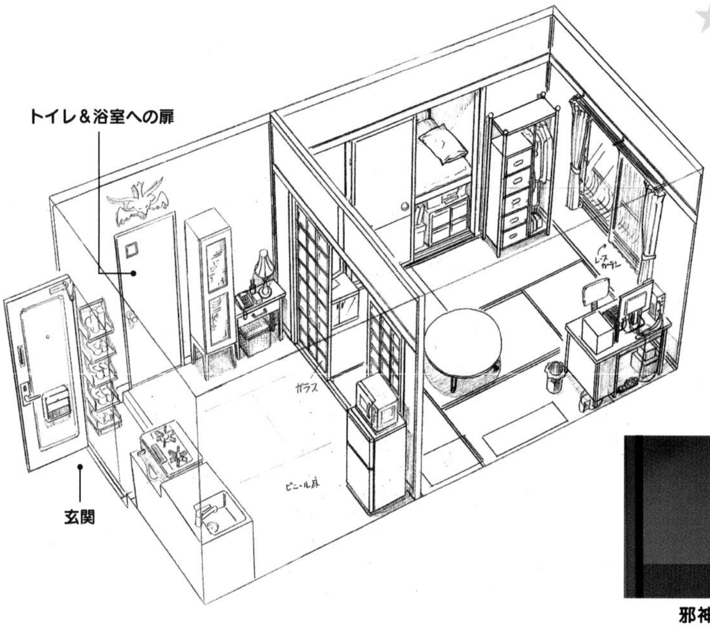

ゆりねの部屋

畳敷きの和室とキッチンの1DK。2人暮らしには手狭なので、邪神ちゃんは押し入れで就寝している。床にはカーペットなどを敷いておらず、部屋の中央には昔ながらのちゃぶ台がある。非常にシンプルな内装だが、トイレのドアの上に飾られた悪魔っぽいオブジェが、ゆりねらしさを醸し出している。

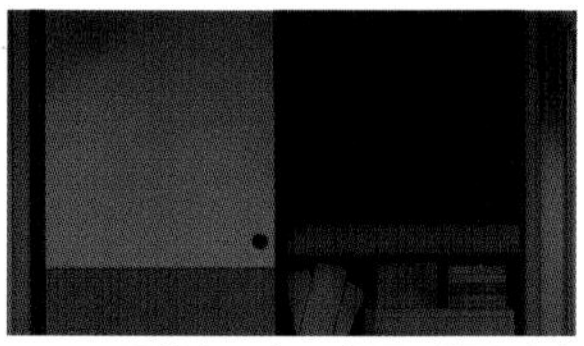

邪神ちゃんの部屋（押入れ）

ぴのの部屋

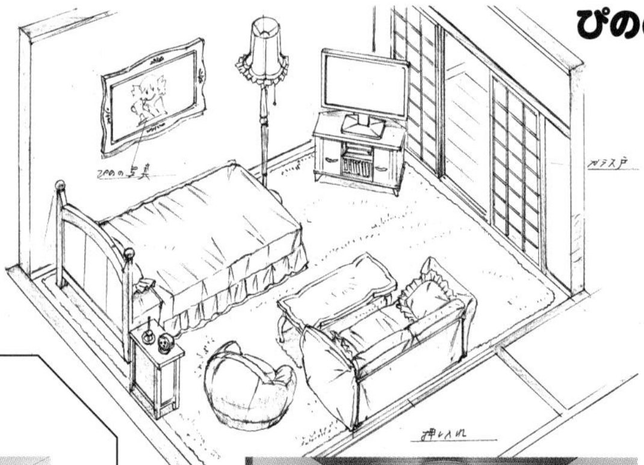

（キッチンより）

ミノスの部屋

阿倍さんの部屋（別のアパート）

ぺこらハウスと公園

ぺこらの住居である公園のダンボールハウス。人一人が横になれる程度の広さしかなく、室内には、公園の水を入れたペットボトルに洗面用具など最低限の生活必需品のみ。屋根は雨露を防ぐためにビニールシートでカバーしている。公園には、ダンボールハウス仲間が数人いるようだ。

正面

側面

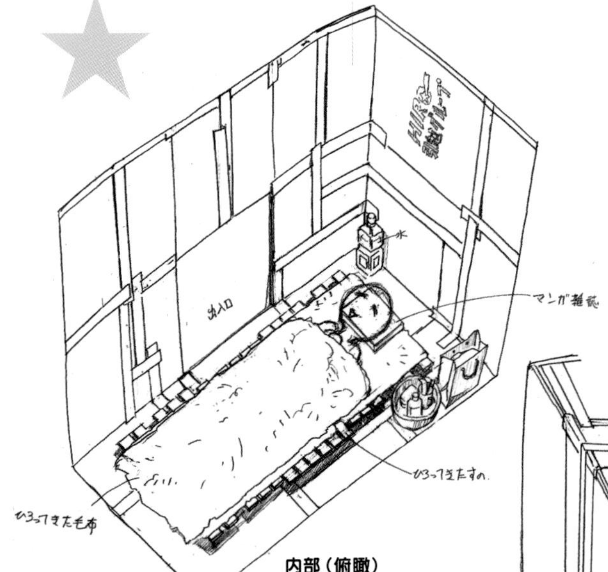

内部（俯瞰）

公園（入り口）

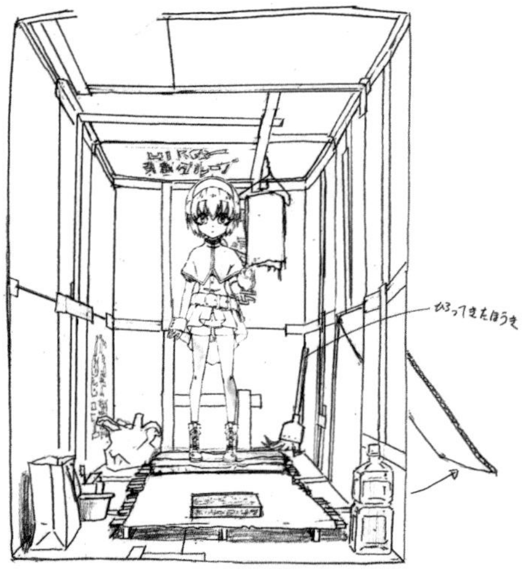

公園（中央より）

内部（横から）

神保町etc

昔ながらの書店と真新しいビジネスビルが共存する神保町。欧風カレー店ボンディや手打ちそばの神田まつやなど、実在する店舗は内装までしっかりと再現されている。

すずらん通り

ボンディ（店内）

ボンディ裏の通り

センタッキー前通り

神田まつや（店内）

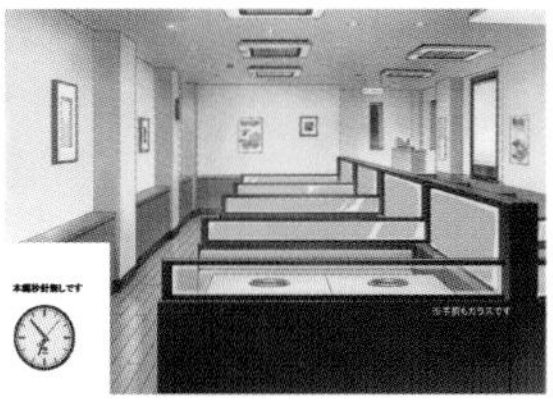

焼肉天国（店内）

神保町のとあるバー（店内）

ラーメン屋・創世記（店内）

キンキン広場

献血センター神保町支部

エキュートとアトレの根城。「献血センター」とは思えない古風なレンガ造りの建物で、応接間には高級なアンティーク家具が並ぶ。

外観

応接間

看板

ゆりねの実家

新宿区にある由緒正しい神社。正月には大勢の参拝客でにぎわっており、ゆりねの巫女姿も拝むことができる。

芽依の部屋

あちこちから（無理やり）拾ってきたであろう像やオブジェが大量に並ぶ異様な光景。とくに怖いのが、部屋の入り口付近に無造作に置かれたチェーンソー！　本来の用途は武器では決してないのだが、芽依の所持品というだけで物騒な用途しか思いつかない。

児童養護施設アイアンコマンドー

リエールが暮らす児童養護施設。1つの部屋を2人の子どもが使っている。先生の教育が行き届いているのか、自室もリビングも整頓されている。

外観

リビング

リエールたちの部屋

地方都市コラボ

作中で邪神ちゃんが訪れた北海道の千歳、帯広と長崎県の南島原など。地方都市ならではの雄大な景色をしっかりと表現。観光名所の数々も実物と寸分たがわぬ美しさだ。

ポロシリ自然公園（全景・帯広）

帯広競馬場（ゲート付近）

広瀬牧場・ウエモンズハート（内観・帯広）

広瀬牧場・牛舎（内観・帯広）

丸駒温泉・露天風呂（千歳）

支笏湖（千歳）

原城あらため原奈津子嬢（城）（外観・南島原）

鮎帰りの滝（南島原）

魔界etc

悪魔たちの故郷である魔界は荒涼とした風景が広がり、人間界では見られない動植物が生息している。また魔界中国や魔界トランシルバニアファミリー地方などさまざまな土地があるようで、かなり広大な世界のようだ。

森

荒野

魔界小学校

邪神ちゃんたちの母校。種族関係なく同じ学校に通っており、授業内容は人間の学校と大差ないようだ。ただ身体能力に優れた者が多いためか、ちょっとした生徒同士の悪ふざけでも大事になってしまう！

外観

教室

グラウンド

メデューサ宅

お城のような豪邸に住むメデューサ。自室には化粧台など豪華な家具が並んでおり、お嬢様であることがわかる。そしてお嬢様らしく朝シャワーは忘れない。

外観

メデューサの自室

脱衣所

邪神ちゃんの脳内

邪神ちゃんが分身たちと会議を行う脳内部屋。室内は無機質な白で統一されている。また合議制を採用しているため、大きな円卓が置かれている。

★プロップデザイン★

武器

マニアックな武器が多数登場する本作。その威力はほとんどの場合、邪神ちゃんの身体で断末魔と共に実証される。

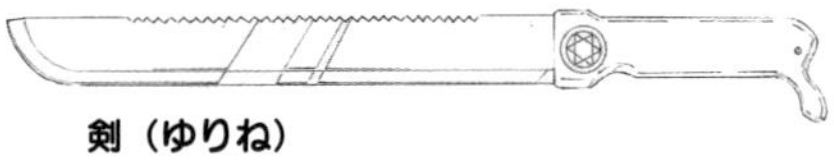
剣（ゆりね）

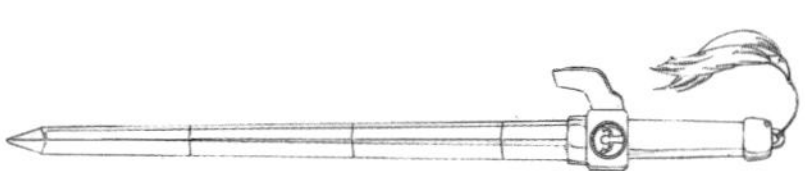
収縮剣（芽依）

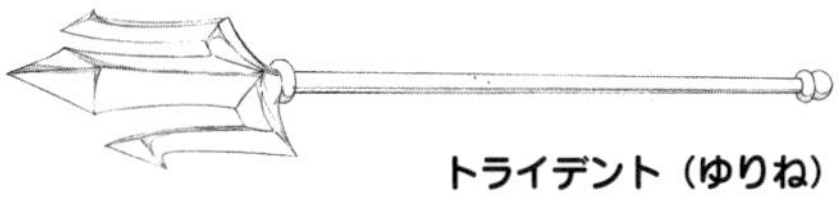
トライデント（ゆりね）

トゲ付きバット（ぽぽろん）

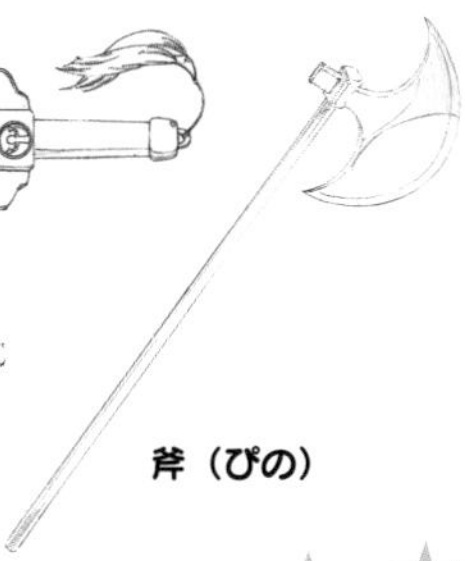
斧（ぴの）

ゆりねのバッグ

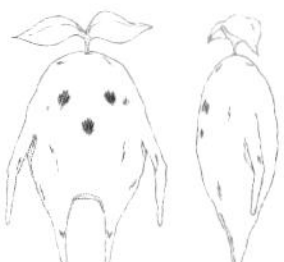
マンドラゴラのオモチャ

ゆりねのポーチ

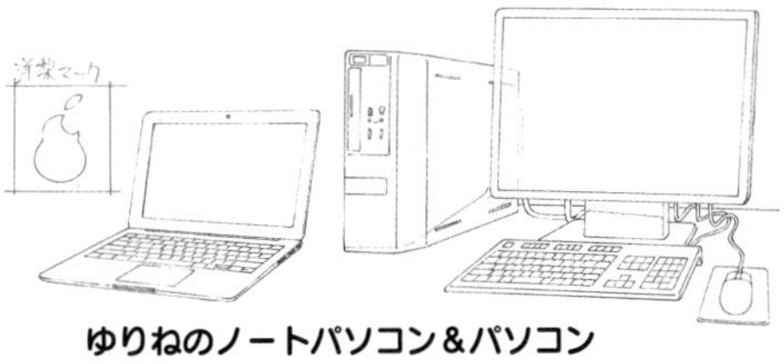
ゆりねのノートパソコン＆パソコン

邪神ちゃんの財布

メデューサの腕輪

★アートギャラリー

下 上

▲第1期ブルーレイのパッケージイラスト（上下巻）。ユキヲ先生が描く邪神ちゃんとゆりねは、ＳＤキャラまで表情&バリエーションが豊富だ

▲第1期キービジュアル。邪神ちゃんの悪そうな顔とゆりねの凛々しい顔の対比が、今となっては新鮮。また、ぺこらはこの時点からすでにマスコットっぽい

▲第2期キービジュアル。ぴの、キョンシー姉妹が加わり華やかになった。ただ、ゆりねの手には血に濡れた剣が。物騒な雰囲気はどうやっても消えない？

▶ 2017年末から2018年に公開された特別ビジュアル。クリスマス衣装、晴れ着姿の邪神ちゃんは、なんとこのイラストが最初で最後!?

◀JR東海ツアーズとのコラボイラスト。神保町すずらん通りの写真が背景に使われている。邪神ちゃんたちには珍しく和気藹々とした雰囲気が感じられる

❶

❷

❸

▲第2期ブルーレイのパッケージイラスト（全3巻）。タロットカードのようなデザインで、悪魔（1巻）、天使（2巻）、人間etc（3巻）のキャラが描かれている

▼第3期キービジュアル。新キャラ4人を加えた総勢14人が大集合！　邪神ちゃんとゆりねが共闘しているかのようにも見え、2人の関係に変化の兆しが!?

下

上

▲第3期ブルーレイのパッケージ（上下巻）にまたまた神保町が登場。上巻はぺこらハウスがある西神田公園、下巻はフレッシュムーンで有名の文銭堂が背景だ

プロレスイラスト

アニメ化を記念して「コミックマーケット93」などで公開されたイラスト。全部で21種類の技が描かれている。そして、ほとんどの技を邪神ちゃんとぺこらが食らっている。

トペ・レベルサ
パロスペシャル
片翼の天使
DDT
パワーボム
サマーソルト
キック
椅子攻撃
パイル
ドライバー
アリキック
ショルダー
クロー
毒霧

自治体コラボ
アニメビジュアル

　第2期第12話の「千歳編」をはじめ、これまで5都市とコラボしてきた『邪神ちゃん』。どれも神保町とは異なる景色であり作品の世界観を大いに広げてくれている。名所・名産も自然に取り入れられており、長く愛されるイラストになっている

千歳編

釧路編

帯広編

南島原編

富良野編

自治体コラボ
原作ビジュアル

　各自治体コラボ発表時に公開されたユキヲ先生とのコラボイラスト。こちらは背景が実写で、それぞれの都市の絶景が使われている。美しい景色と並べば、邪神ちゃんの美少女度もちょっとだけ増しちゃうかも？

イラスト／ユキヲ　背景写真／各自治体

千歳編（支笏湖チップ）

釧路編（炉端焼き）

帯広編（牛）

南島原編（天草四郎）

富良野編（ラベンダー畑）

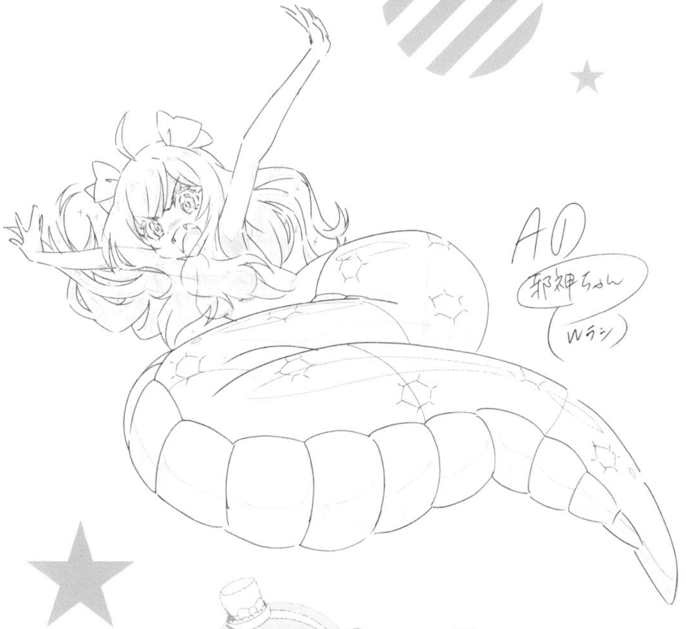

おまけの原画コーナー ですの！

アニメで放送された本編の中から、厳選したシーンの原画をちょこっと紹介。『邪神ちゃんドロップキック』は作画レベルも実は高いのだ！

制作スタッフ

装丁・本文デザイン・DTP	里信亜沙子（クウ）
監修・制作協力	邪神ちゃんドロップキックX製作委員会
編集	宮島岳史
ライター	石河 新
	内田雅志
	長船 烈
	福西輝明
カメラマン	大山雅夫
ヘアメイク	高橋慶光（LES CINQ SENS）
校正	佐藤 ひかり
編集長	後藤憲司
副編集長	塩見治雄
担当編集	石井 大

アニメ『邪神ちゃんドロップキック』シリーズ

魔界出身の悪魔・邪神ちゃんと彼女を召喚した女子大生・花園ゆりねの危険でおかしな同居生活を描くコメディー作品（原作者はユキヲ）。悪魔、天使、人間が神保町を舞台に楽しく（？）過ごす日常が、にぎやかに描かれている。2018年、2020にアニメ化され、2022年に第3期が放送された。製作については、クラウドファンディングに加えて、ふるさと納税を用いたり、違法アップロード動画を一定条件のもと許諾するなど、既存のアニメビジネスの枠内にとらわれないコラボを積極的に行う異色のIPとして注目されている。

アニメ「邪神ちゃんドロップキック」公式コンプリートブック

2022年12月11日　初版第1刷発行

編集	MdN編集部
発行人	山口康夫
発行	株式会社エムディエヌコーポレーション
	〒101-0051　東京都千代田区神田神保町一丁目105番地
	https://books.MdN.co.jp/
発売	株式会社インプレス
	〒101-0051　東京都千代田区神田神保町一丁目105番地
印刷・製本	株式会社広済堂ネクスト

Printed in Japan

定価はカバーに表示してあります。

【カスタマーセンター】
造本には万全を期しておりますが、万一、落丁・乱丁などがございましたら、送料小社負担にてお取り替えいたします。
お手数ですが、カスタマーセンターまでご返送ください。

落丁・乱丁本などのご返送先
〒101-0051　東京都千代田区神田神保町一丁目105番地
株式会社エムディエヌコーポレーション カスタマーセンター　TEL：03-4334-2915

書店・販売店のご注文受付
株式会社インプレス　受注センター　TEL：048-449-8040／FAX：048-449-8041

内容に関するお問い合わせ先
株式会社エムディエヌコーポレーション
カスタマーセンター メール窓口
info@MdN.co.jp

本書の内容に関するご質問は、Eメールのみの受付となります。メールの件名は『アニメ「邪神ちゃんドロップキック」公式コンプリートブック　質問係』とお書きください。電話やFAX、郵便でのご質問にはお答えできません。ご質問の内容によりましては、しばらくお時間をいただく場合がございます。また、本書の範囲を超えるご質問に関しましてはお答えいたしかねますので、あらかじめご了承ください。

ISBN978-4-295-20445-9　C0076

発行　エムディエヌコーポレーション
発売　インプレス